Inútiles directivos

© José Antonio Prades Villanueva
http://joseantonioprades.com

Todos los derechos reservados.

No está permitida la distribución ni la reproducción íntegra de toda la obra o de relatos independientes sin permiso expreso del autor. La reproducción parcial debe incluir la referencia al autor.

Fotografía de portada: cortesía de Pixabay

Fotografía del autor en contraportada: Indio Juan Moro

José Antonio Prades

Inútiles directivos

Índice

Pág.

Presentación 9

1.— PRIMER JEFE: 13
Don José Jesús, el paternalista mandón
2.— SEGUNDO JEFE: 23
Alberto Rossenfeld, el motivador
3.— TERCER JEFE: 35
Pepe Cabrales, el benemérito
4.— CUARTO JEFE: 47
Michel Delettre, el inseguro
5.— QUINTO JEFE: 59
Emilio Bak, el práctico
6.— SEXTO JEFE: 71
Adolfo Riva, el trepa
7.— SÉPTIMO JEFE: 83
Rodrigo Cenis, el entusiasta
8.— OCTAVO JEFE: 93
Gumersindo Altamiranda, el experto
9.— NOVENO JEFE: 103
Manuel González de Tafalla, el inexperto

Epílogo 113

Presentación

Alberto Trevijano Menéndez es un buen amigo mío, de 55 años, que ha pasado por importantes experiencias profesionales y esta semana me ha contado con detalle su trayectoria. Todo tiene su razón de ser... y es que yo le he preguntado, no ha sido por su iniciativa, porque no es proclive a hablar de sí mismo. Aun así, puedo presentar con alto porcentaje de fidelidad un amplio material que no me ha dejado indiferente.

Antes de nada, daré unos detalles de aperitivo para ilustrar diversas circunstancias que ayudan a localizarlo, encuadrarlo, incluso visualizarlo en su papel de subordinado a unos jefes.

Lo primero, lo más relevante, lo que le da más credibilidad a las páginas siguientes es que Alberto, después de trabajar desde los 14 años, se ha jubilado de la forma más deseada por cualquier mortal a sueldo: con una excelente indemnización, cuyo rédito en el banco ya le daría para vivir holgadamente si no fuera porque además ha heredado una pequeña fortuna de un tío lejano suyo en Brasil, del que nunca tuvo noticias. Sí, todavía es válida aquella canción de *"Yo tengo un tío en América..."*. Poco nos acordamos de que los españoles fuimos emigrantes y ahora aquellos pioneros, anclados en su vejez repleta de añoranzas, no saben si sentirse del país donde nacieron, que ya es otro muy diferente del que dejaron atrás, o del país que ha dado a luz a sus nietos... En el caso de Alberto, no hay hijos ni tampoco nietos reconocidos, así que él, siendo el único sobrino de un tío olvidado, ha recibido un pellizco gordo. Como también tuvo su emigración, en muy distintas circunstancias que su tío y con resultados aún más diferentes, los quiebros de la vida le han regalado una recompensa por otros cauces que los merecidos.

Es decir, Alberto no le debe pleitesía a nadie y ha contado su verdad sin aprensiones, sin escrúpulos, sin dudas y sin servilismos.

Le pregunté, y le costó muy poco hablar sobre lo que le inquiría: que me hiciera un cuadro de todos sus jefes, lo que más le gustaba, lo que odió, lo que les protesto, a qué les ayudó, cómo le trataron, y cómo le gustaría que le hubieran tratado a él. No me ha contestado en todos los casos a estos interrogantes, pero le han salido unas jugosas semblanzas que ilustran este oficio poco entendido de ser jefe

Alberto fue el último botones de su empresa. Permaneció en ese puesto seis meses, hasta mayo de 1969 (había entrado el 1 de diciembre, día de su cumpleaños), como si la revolución del 68 hubiera alargado su halo hasta las inmediaciones de su empresa para erradicar ese puesto tan servil, hoy cubierto solapadamente por universitarios vestidos de *becarios*.

Saltó a la siguiente categoría, Ordenanza, y se recreó en el espejo mirándose los galones de la chaqueta como si de un uniforme militar se tratara y soñando con alcanzar un día algún despacho de la planta superior, ocupada por la Alta Dirección. Se movió tan bien con los papeles bajo el brazo que, en tres años, casi a punto de cumplir los 18, fue colocado como Auxiliar de Oficina, traducido en cobrador de calle, con esas carteritas que se llevaban colgadas del cinturón, y que se consideraron preludio de las "mariconeras" y las "riñoneras".

Cuatro meses anduvo cobrando por las casas, atendido en ocasiones por mujeres desesperadas que llegaron a ofrecerle favores carnales por el pírrico importe de un recibo. No aceptó, aunque fue testigo en aventuras eróticas de sus compañeros. En seguida pasó al departamento de Contabilidad mientras llegaba la democracia al país, y ya con los socialistas y el Estatuto de los Trabajadores bien aplicado, ascendió al primer puesto con mando. Desde ahí, se fue especializando en la nueva función de *analítica de costes y control de gestión*, lo que le llevó a expatriarse con su empresa en una aventura ultramarina con aires porteños (a Buenos Aires) durante más de diez años. Regresó a España y siguió subordinado a jefes que, como al final nos cuenta, le prorrogaron el abastecimiento de Luz y Oscuridad al modo de cualquier batalla ocurrida en el más allá.

No se trata de presentar un currículum exhaustivo de mi amigo, ya lo conoceremos a través de sus jefes, porque de sus jefes nos va a hablar Alberto, de sus conciertos y de sus desconciertos, de sus cualidades y de sus defectos, de sus grandezas y de sus miserias... Jefes, jefes, jefes... inútiles directivos.

PRIMER JEFE: el paternalista mandón

Por así decir, mi primer jefecillo se llamaba Senén. Era un ordenanza calvo y refunfuñón que me mandó mientras fui botones, cuando entré a la empresa con catorce años. Lo tuve como tal hasta que pasé a la escala administrativa, y poco puedo hablar de él, porque lo veía los sábados nada más. Mi servicio se prestaba como "traedor de sobres y papeles" en otro edificio y me iban dando las órdenes los oficiales administrativos, de una forma tan simple como "lleva esto allí" o "ve a buscarme el informe tal allá".

Ya como auxiliar administrativo, con 18 años recién cumplidos, después de unas peripecias cobrando de piso en piso que prefiero no relatar, pasé al área de Contabilidad, cuyo jefe se llamaba José (éste sí que era jefe jefe). En realidad, el nombre completo era José Jesús, pero el hombre siempre decía que ya estaba bien con un nombre bíblico y que no aspiraba a ser santo ni descendiente del Hijo del Hombre porque para nada su madre se llamaba María Magdalena. Iba siempre a misa, aunque sólo para acompañar, decía, a su mujer, quien le tachaba de hereje por dar pábulo a esas tergiversaciones del demonio sobre la verdadera Historia Sagrada, pero le perdonaba los fuegos del infierno por el sustancioso sobre que llevaba a casa todos los meses y otras cualidades que relataré más adelante. Tendría entonces unos sesenta años, mucho pelo gris y algo rizado, contra lo cual todas las mañanas debía presentar batalla y así aparecer por la oficina con la cabellera estirada hacia atrás, tirante, pero con caracoles que haciendo caso a su condición dejaban algo de baba por su medio ambiente, el cogote (¿o sería exceso de brillantina?).

El día que me incorporé con él, me recibió a las 8 de la mañana, en su despacho acristalado. Sobre su mesa yacía con vida propia el periódico matutino —a la sazón, La Hoja del Lunes—, abierto por la sección de deportes. Antes de saludarme, me miró por encima de sus gafas antipresbicia sin levantar la cabeza y apretando los lóbulos de la frente formados por arrugas tan profundas que parecían unos glúteos peraltados. Terminó de leer el artículo que hablaba del partido dominical, cerró las páginas con un suspiro como diciendo: "¡Qué remedio me queda que atender a este pendejo!". Siempre me llamó pendejo, como copia y arrastre de la usual palabra en Argentina incluida en el vocabulario habitual de su primo, que era indiano y solía venir de visita de año en año, acontecimiento que don José se encargaba de publicitar dándose aires de importancia.

Mientras leía la contraportada, mi nuevo jefe me iba explicando características propias del departamento y del cometido que me iba a tocar desempeñar: sentarme al lado de Mariano Carrillo Lostao para aprender a realizar los apuntes en un libraco gordo que parecía uno de los colocados en los atriles del coro de la catedral.

Se levantó, por fin se levantó, mientras se quitaba las gafas para tirarlas encima de La Hoja del Lunes y gritaba con énfasis militar: "¡Mariano!". El tal Mariano emitió unos sonidos guturales que informaban de su proceso de estiramiento hacia la realidad, proveniente de algún mundo onírico o extraterrestre. Cuando mi oficial administrativo se encontraba al lado de la silla, en la cual se sentaba ahora con la espalda bien recta, don José intervino:

—Mariano, cójase a este chico, que se llama Trevijano, Alberto, (así fue, lo juro, primero el apellido y luego el nombre) y me lo pone a practicar la buena letra para los apuntes en el Diario, ¿entendido?

—Sí, don José —bufó Mariano con los ojos aún medio cerrados, los hombros laxos y los brazos caídos casi hasta el suelo.

—Pues, hala, no se hable más, que el tiempo es oro.

Don José nos despidió con un amable gesto: estiró el brazo, palma de la mano hacia abajo con los dedos prietos y movimiento ascendente y descendente de la misma chirriando sobre la muñeca.

De inmediato volvió a la página de deportes.

Dudo si tengo que considerar a Mariano como jefe, pero creo que no... no, no, mi jefe fue don José. Mariano hizo de profesor por un par de meses, durante los cuales dormitaba mientras yo copiaba sus notas en el Libro Diario, con diferentes tintas y letra redondilla. Él lo revisaba y se lo pasaba a Ramiro, encargado del Libro Mayor. Después de esos dos meses, me tocó calculadora de pedal para cuadrar los Balances... y eso ya lo hice solo, que don José empezó a confiar en mí porque dijo que "era un chico muy espabilao". Eso ocasionó envidias y adhesiones a partes iguales entre mis doce compañeros. Adhesiones entre quienes no querían o no tenían nada que rascar en el escalafón; envidias entre aquellos que se colocaban en el disparadero para ocupar la próxima vacante que dejaría Rufino con su jubilación, dentro de siete años, vacante de Subjefe. Don José ya había hecho expresión de que no se jubilaría hasta los setenta y cinco. Así que el primer corrimiento se esperaba con la salida de Rufino, quien era de Sabiñánigo, un pueblo del Pirineo, y estaba esperando ansioso el salto al cuerpo de pasivos para regresar a su terruño.

Don José sólo fumaba en la oficina. Nosotros (sus empleados) suponíamos que era un fumador compulsivo cuya dependencia le arrastraba a encender esos treinta o más cigarrillos que apuraba antes de terminar la jornada y que se convertirían en más del doble al final del día. Nada más lejos de la realidad. Su mujer, Margarita, no le permitía fumar en casa porque el tabaco reseca la piel y don José, como un obediente faldero, que no como un responsable objetor ante la salud propia y la de los demás (no se lo digan a nadie, pero yo también fumo, aunque con estas presiones me está empezando a dar vergüenza decirlo... y terminaré por rebelarme con alguna huelga o manifestación particular), no daba ni una calada en su casa. Que sí, que dejaba de mandar en cuanto pasaba el umbral y se volvía de carácter sumiso, incluso rastrero, hasta el punto, tal como nos narraba el compañero Falete Miranda, de poderlo imaginar vestido de chacha con minifalda, las nalgas al aire, arrodillado ante doña Margarita, que llevaría una pequeña fusta para obligarle a... (lo que fuera), orden que el hombre acataría con placer, mucho placer.

No sé si don José sería en su casa dominante o sumiso. Puedo informar, para que algún psicólogo me lo califique de alguna manera, que no le importaba airear determinadas conductas de su vida, esencialmente sexuales, como....

—¡¡¡Oeeee!!!! (imagine este sonido parecido a lo que debería ser un *¡oye!*, pronunciado con una voz casi ronca, muy grave, con actitud arrogante, haciendo corta y seca la *o* y alargando la *e* al gusto). Yo, el día de mi noche de bodas, siete polvos que le eché a la Margarita, siete sin sacarla, y tan ricamente que nos quedamos los dos, frescos como una lechuga.

—¡¡¡Oeeee!!!, antes de casarme, si se me ponía la cosa en marcha, le decía a Cortés (el anterior jefe) que salía para hacer una gestión en el banco, o lo que fuera, y me iba a las gachises del Tubo, a un piso en la calle Mártires, y dos veces que tenía que descargar con aquellas tías buenas que tenía la Puri.

Naturalmente, estas expresiones eran lanzadas sólo con presencia masculina. En confianza entre usted y yo, le cuento, amigo lector, que Jaime, otro de nuestros compañeros era homosexual encubierto, que se supo años más tarde y, como estaba enamoradísimo de don José por eso de la erótica del poder, se excitaba con esas historias tan salvajes, imaginando "en posición" a nuestro jefe. Si se hubiera enterado el hombre, igual comete alguna fechoría contra los bajos de Jaime, porque...

—¡¡¡Oeeee!!! Yo, a los maricones, un cepillo del pelo le metía por detrás, pero bien metido y no por el mango precisamente, a ver si esa rascada les dejaba el conducto tan *picoteao* que no pedían más acción sodomita. Hay que ver qué vicios tiene alguna gente. Es inmoral, es que es inmoral.

También hacía apología de supuestas habilidades juveniles en juegos o deportes. Algunas veces jugábamos a las cartas, al guiñote normalmente, cuando íbamos de cena o excursión del departamento, y se ponía el cigarro encendido entre los labios, dejando que el humo le ocultara (y le perjudicara) la mirada, a modo de tahúr, y siempre contaba esa misma historia en la que pudo ganarle una mano de póker al mejor especialista de España, con varios miles de pesetas sobre la mesa, y que tuvo que plantarle cara con dos cojones porque le acusó de tramposo. No me lo creo. Quizá sea verdad lo de los siete, según cuenta un compañero de la empresa con quien compartió juergas juveniles, porque parece ser que por don José fluían muchas hormonas, pero lo de las cartas... no, que no lo veo retando a nadie que no sea empleado suyo...

Había estudiado el peritaje mercantil, lo que hoy sería equivalente a una Formación Profesional Administrativa de Grado Medio, pero en su época estos títulos, los peritajes, eran muy valorados porque estudiaba poca gente más allá de la Primaria, menos aún terminaban el Bachillerato Elemental (hasta los 14 años) y era entonces cuando, a partir de haber aprobado su Reválida, se podían seguir unos estudios que con los años se convirtieron en titulaciones medias universitarias. Don José hablaba con grandes parabienes de sus aventuras en la Escuela de Comercio de la plaza de José Antonio (Primo de Rivera, por supuesto, hoy llamada de Los Sitios) y de cómo le ofrecieron trabajo varios bancos, que él declinó porque tenía muy claro dónde iba a prestar sus servicios.

Creo que ya se aprecia un poco que este mi primer jefe era un "déspota ilustrado", bastante castrador de iniciativas...

—¡¡¡Oeee, María Pilar, que aquí no se te paga por pensar sino por trabajar!!! Cállate y dale a la calculadora bien calladita.

...muy sumiso con la autoridad y con el orden establecido...

Antes de acudir al despacho del Jefe de la División Administrativa, siempre se iba al baño para peinarse y perfumarse con colonia tipo "Varón Dandy", se ponía la americana, se encendía un cigarrillo cuya marca era la que también fumaba el directivo a visitar y, cuando regresaba, hablaba a todos un buen rato sobre lo bien que le habían tratado en el tercer piso, atalaya de la alta dirección. En realidad, había escuchado y había dicho a todo que sí, agachando su cabeza casi hasta chocar con el borde del cristal de la mesa del Jefe de División, incluso con riesgo, convertido una vez en accidente, de abrirse la frente con una brecha ansiosa de manchar los papeles de sangre.

...y nada proclive a favorecer un buen clima en el departamento.

En su despacho acristalado, varias veces por jornada, solía colocarse de pie, con las manos atrás, casi pegada la nariz a la mampara, el cigarrillo caído entre los labios, para que su mirada actuara de prevención represora sobre esas conversaciones que suelen extenderse entre las gentes perezosas que quieren trabajar lo menos posible.

Antes he hablado de que don José no quería jubilarse hasta bien entrado en los setenta, como no podía ser de otra manera, dada su elevada autoestima sobre la gran capacidad física que alentaba su cuerpo serrano. Si hubiera sido así, habría elegido un "secretario", dócil empleado, que fuera aprendiendo los secretos del oficio para sustituirlo cuando él tristemente nos abandonara. Pero hablo en hipótesis según era en aquel tiempo la cultura de la empresa.

Y puesto que en el asunto de ver la catadura de un jefe es de una información primordial la manera que tiene de tratar el desarrollo y la promoción de sus empleados, contaré el tratamiento que le dio a la provisión de una vacante en su departamento.

Habría que sustituir a Rufino, el subjefe, dentro de siete años, un número mágico, que en nuestro tiempo es de largo plazo, pero que en aquella época, más inmovilista, aún sin ordenadores ni otros descubrimientos tan revolucionarios, se estimaba que era "a la vuelta de la esquina".

Don José no se pronunciaba sobre quién elegiría para esa próxima vacante, con un aumento de unas 275 pesetas mensuales, una minucia económica y una fortuna en estatus, pues el puesto daba derecho a mesa separada del resto, a influir en el reparto de días de vacación y a material de escritorio sin controlar su gasto. En aquel tiempo, ser Subjefe era como ser viceministro, o casi. Y como el gran jefe don José no abría la boca, cada una de sus acciones era vista como un gesto, un guiño, una señal, una luz de guía para quien la recibía, ya fuera como tropezón o empuje en su carrera.

Estoy seguro de que el hombre disfrutaba llamando a cada uno a su despacho para comentarle cualquier tontería, si con esa acción provocaba una catarata de rumores, dimes y diretes, insultos, adhesiones, odios, amores y sentimientos más "profundos" que no es conveniente fijar por escrito.

Hace unos años se habló del cuaderno azul de José María Aznar como supuesto documento de sucesión... Mi don José particular usaba impresos usados en lugar de cuaderno, pero siempre se rumoreó que, si después de escribir sobre uno de ellos, lo guardaba en el tercer cajón de su escritorio, ahí estaba anotada alguna cuestión referente a la futura vacante... Y don José, viendo, sintiendo la expectación creada en el albero, sonreía... unas veces, paternal: otras, diabólico.

No niego que a mí también me interesaba ser el elegido como siguiente Subjefe, y que algunas de mis acciones pudieran ser calificadas de "peloteo y sumisión", pero tuve que retirarme a mi esquina porque los demás entendieron que aquellas llamadas que el jefe me hacía para hablar de tal o cual asiento, de tal o cual aclaración, estaban incitadas por aciertos o errores míos que sobrepasaban el comportamiento esperado del más jovencito de los administrativos. Y es que hubo dos excepciones en el silencio profundo de don José sobre las candidaturas. Las dos excepciones se refirieron a mí, con expresión clara y directa de mi valía profesional delante de todos los compañeros del departamento. Eso me valió ganar... cinco acérrimos enemigos para toda la vida.

Contaré el desenlace: ocupó el puesto un señor que trajeron de otro departamento, con la categoría consolidada ya hacía cinco años, pero que quería cambiar de trabajo para aprender otras cosas, actitud que todos nosotros vimos mal, pero que muy mal, "¡qué es eso de quitar un ascenso en otro departamento!"... porque a ninguno de nosotros nos llamarían para ocupar la vacante que el recién llegado dejaba en el área de Asuntos Jurídicos. El gran jefe sonreía más diabólico todavía.

Una vez, Ramiro, en un acceso de ironía, se le ocurrió llamar Jota Jota a don José. Ni que hubiera soltado una ventosidad en el despacho... La autoridad se hizo tan fuerte ante aquella expresión de indisciplina y desacato que volaron las páginas del Reglamento de Régimen Interior en su capítulo de Faltas Muy Graves. Ramiro ni se atrevió a acudir al Jurado de Empresa, acató la sanción de dos días de empleo y sueldo y pidió perdón públicamente al agraviado.

En cambio, cuando la mujer de Ramiro estuvo ingresada en el hospital Miguel Servet por un problema de pulmón, el propio don José se interesó por su estado, la visitó dos veces, y habló con un conocido suyo que trabajaba de practicante por alguna sección del hospital, para pedirle un trato de cierto favor a la señora.

Y por último, otro rasgo interesante a destacar de don José es su afición a la pintura. Le gustaba pintar cuadros y acertaba muy bien con las texturas vegetales; por eso tiene muy buenos paisajes, pero mediocres cuadros figurativos. Cuando me compré piso, me regaló una copia de Palmero, donde las mujeres aparecían con rostros cadavéricos, pero los puestos de flores en una calle de París refulgían de una manera absolutamente veraz.

Don José debió haberse jubilado, según su previsión, allá por 1995, año en el que cumpliría los setenta y cinco años, pero en realidad le tocó mucho antes porque aplicaron en la empresa un plan "obligatorio" de prejubilaciones, y el 31 de diciembre de 1984, con aún 64 años de edad, pasó a la reserva. Probablemente la pena le hizo fallecer justo un año después.

SEGUNDO JEFE: el motivador

Don José Jesús me duró cerca de doce años, aunque cuando se jubiló yo había emigrado hacía unos meses a Buenos Aires (lo que a él le supo a gloria, por lo de su primo, y no paró de ensalzar mi decisión). Es curioso: repasando ahora mi trayectoria de jefes sufridos y gozados me doy cuenta de que después de don José Jesús, cuya presencia se me había anclado en el subconsciente como una lombriz intestinal en su hábitat, ninguno me soportó más de tres años, fuera por mi escape a otros lares, o fuera por su traslado, jubilación o caída.

Rozando la treintena, me surgió la oportunidad de irme a Sudamérica. Mi empresa se expandía más allá del Atlántico, solicitó personas que desearan tener una aventura (profesional), nos tentó con unas buenas condiciones económicas...y garantías de regreso, al menos, en las mismas condiciones, salarial y geográfica, que la de partida. Me tiré a la piscina y salí volando un 12 de septiembre en un Jumbo de Iberia, con más miedo que expectación y más temeridad que valentía, sin saber los momentos históricos que me tocaría vivir en ese país ciclotímico. Todos mis compañeros de viaje eran *veteranos de guerra*, así que me tomaron como el bebé del grupo y recibí las bromas y cuidados reservados a quienes todavía llevan pañales profesionales.

Durante tres meses me involucraron en un equipo que llamaban de "Misión", lo que sonaba a una alta operación de espionaje internacional, de infiltración en banda enemiga o de adoctrinamiento ideológico..., con funciones de análisis de procesos y propuestas de mejora. En este tiempo (el más divertido y productivo de mi vida laboral) dependí de un Director que aún no quiero considerar a efectos de "jefe", porque antes hablaré de Alberto Rossenfeld, un tocayo mío que fue el verdadero introductor de mis funciones en la empresa franco–hispano–argentina.

Si yo era un guayabo... En fin, con treinta años y sin salir del cascarón profesional, me vi en una responsabilidad directiva, con cinco personas a mi cargo e integrado en un equipo de gestión que influía en la toma de decisiones para aplicar y controlar un presupuesto superior a tres mil millones de pesetas.

Y la Delegación a donde me asignaron era dirigida por el mentado Alberto Rossenfeld, un personaje de los que dejan huella.

Al principio, no fui de su confianza... y lo comprendo. Le aparecía por sus dominios un muchacho español, proveniente de la empresa "madre", a quien ni siquiera le habían permitido entrevistar ni por cinco minutos, para ocupar en su equipo un puesto de responsabilidad, a través del cual podría conocer todos los entresijos de su gestión, lo que inmediatamente, a la vista de él y de su equipo, me convertía en un posible espía, un cantarín allende las fronteras, que podía entonar o bien una balada pastoril o una canción de rock duro con letra de denuncia, acoso y derribo (nota: habían despedido a tres directores argentinos, provenientes, al igual que él, de la empresa adquirida).

No sé si enviado por el Ingeniero Alberto, o por iniciativa propia, enseguida fui atendido, acompañado, agasajado y *franeleado*, por un miembro de su equipo,

Carlos Mazzos, un descendiente de italianos calabreses, que era capaz de emitir la sonrisa más radiante escondiendo tras ella tanto una daga como un bombón. Le noté labor de investigación y puse mi mejor cara de niño bueno, ingenuo, de no haber roto un plato en la vida... Con el tiempo pude decir que aquella actuación cuajó y fui recibido como una persona con potencial que iba a desarrollarse en un país ajeno como parte de un itinerario profesional que desembocaría en mayores responsabilidades al regresar a la empresa matriz (no digo que esto fuera cierto, sino que se sobreentendió por mis colegas argentinos). Carlos se convirtió en un buen amigo.

Lo voy a llamar el Ingeniero por razones de gestión narrativa, para no hacer coincidir su nombre y el mío en poco espacio escrito y que pudieran producirse equívocos o dificultades de redacción. En Argentina y otros países de Sudamérica, se utiliza habitualmente el grado académico alcanzado como forma de tratamiento: Doctor, Licenciado, Profesor..., tal como en la época de Cervantes, ejemplo: el Licenciado Vidriera o el Bachiller Carrasco.

El Ingeniero Rossenfeld me tomó de la mano.

El Ingeniero Rossenfeld me tomó de la mano (repito la frase adrede porque podría resumir por sí sola toda la actuación que este buen personaje me dedicó como un artista dedica su obra a un buen amigo). El Ingeniero provenía de una familia instalada en Argentina por tres generaciones, es decir, desde principios del siglo XX, procedente de la Rusia zarista, seguramente huyendo de la revolución. Era judío no practicante, pero guardaba fiesta el Día del Perdón. Había ingresado en la empresa quince años atrás, dos después de terminar la carrera, como un mando intermedio técnico, y ya ejercía de mando superior desde unos tres años atrás cuando la empresa fue comprada por la nuestra. Su visión algo catastrofista y sus pocas dotes de adivino le auguraron un despido fulminante y así lo esperaba cuando le llamaron desde las oficinas centrales, en Paseo Colón, a un despacho desde cuya ventana se veía un lateral de la Casa Rosada.

Le nombraron Director de Zona. Y en ese pesimismo innato que le caracterizaba en la visión de sus posibilidades, comenzó a sentirse despedido al minuto siguiente. Por si acaso, mantuvo su nivel de vida en el estatus anterior y años después mantenía el mismo discurso y aún tomaba ansiolíticos.

Pero lo que para él no sabía aplicar, sí lo extendía hacia su equipo. El primer año de su gestión pidió y le concedieron la realización de un Máster en Dirección y Administración de Empresas subvencionado un 50% por la empresa. Lo cursó con dos de los Gerentes de su equipo y se reunían los sábados por la mañana y también algún domingo para repasar los *"cosos del laburo y los cosos de la escuelita"*, tal como le gustaba llamar a sendas ocupaciones Quizá por los contenidos de ese Máster, aplicó con mejor criterio sus teorías para la gestión de personas, pero certifico que la base ya la traía de antes, esos estudios sirvieron para ratificar su estilo, su talante...

El Ingeniero me recibió con cierta pompa en su despacho. Se le notaban ganas de quedar bien conmigo por el hecho de ser representante de uno de los dueños y hombre de confianza del mandamás español, a la sazón su jefe directo; este comportamiento forzado le hacía quedar como un actor histriónico. Transmitía nerviosismo, como si yo estuviera a punto de censurarle alguna de sus palabras o a invadir violentamente sus dominios. Al cabo de unos meses, recordando estos primeros días, todavía me parecía más extraña esta actitud, pues ya me había demostrado con creces su alto nivel para gestionar situaciones límite o desconocidas, con algún ejemplo incluso de peligro físico, especialmente frente a los sindicatos.

Durante varias semanas, tuvo poco trato conmigo. Creo que fue una estrategia, porque en ese tiempo sufrí el acercamiento más intenso de aquel "tano" que le ofrendaba pleitesía, Carlos Mazzos. Carlos había sido rescatado por el Ingeniero de una situación de riesgo que presagiaba su despido. El "ruso" me contó que, a la hora de conformar su equipo directivo, había confiado en personas que le habían sido leales en anteriores destinos, y entre ellos no había ninguno con experiencia comercial. En cambio, ésa era la especialidad de Mazzos que, unida a su titulación de Contador Público, le daba el perfil idóneo para integrarse en su equipo directivo... Favor por favor, Carlos siempre le guardaría lealtad y le daría servicios añadidos que el Ingeniero nunca pedía, pero que recibía en silencio.

Debo suponer que el Ingeniero recibió de Carlos un buen informe sobre mí. O al menos, un "sin noticias" que se tradujera por "buenas noticias". En un momento determinado, recuerdo que a los dos o tres meses, me llamó a su despacho y estuvimos charlando largo rato sobre temas triviales, fútbol sobre todo, querencias de equipo, en mi caso hacia el Real Zaragoza, en su caso hacia el River Plate. Me di cuenta que estaba pasado un test de alta importancia. A través de sus ojillos chispeantes adiviné posición de análisis ante cada una de mis contestaciones, gestos, posturas... Entiendo que le transmití y percibió mis intenciones auténticas, puesto que nunca había deseado ser un espía y tampoco llevaba instrucciones para vigilar sus actos de una forma distinta a la que me proporcionaban mis funciones oficiales. El examen fue exhaustivo, casi policial algún momento, pero no de un agente de la ley y el orden, sino de alguien muy precavido, casi temeroso... Un hermano del Ingeniero formaba parte de los 30.000 desaparecidos que la dictadura militar había provocado (de lo que él nunca habló, me enteré por boca de Carlos, una boca muy pequeña, porque ni él ni nadie era capaz de hablar abiertamente de esa realidad tan escondida y tan evidente).

En ese tiempo hasta la primera entrevista en firme, habíamos preparado en mi área unos informes de gestión, con análisis y conclusiones, que ya estaban divulgados entre los mandos de la Delegación. Sé que el Ingeniero los conocía, así como la favorable opinión que habían generado... pero los eludió en la entrevista. No obstante, ya cuando me despedía...

—Alberto, te felicito por el Informe Mensual de Gestión que preparaste. Sos un buen gestor, aunque tenés que demostrarme lo buen pateador que me decís que sos. No te veo como un defensor bravo, no, no das la pinta.

Y sonrió con su mirada pícara, quizá con un destello de liberación pidiéndome algo así: "Hablále bien a Cabrales (el Director español) de mí, que si no, me rajan", expresión que no dejó de repetirme en cada una de nuestras despedidas.

El Ingeniero era un buen tipo. Se ufanaba de que tuvo bajo su cargo más de 400 personas en su anterior destino. Explicaba con detalle su sistema de planificación de tareas para que todos tuvieran clara su función y entendieran su aporte al resultado final de la Delegación y de la empresa. Fue divertido observar cómo iba adoptando un discurso más centrado en técnica de gestión, con un léxico especializado y un lenguaje casi conceptual, según avanzaba en el Máster. Se empeñaba una y mil veces en demostrar que era un dechado de virtudes planificadoras y organizativas. Con esta insistencia pretendía tapar sus carencias en estas materias. No, no era un directivo que destacara en tener un plan o una organización impecable, pero estaba claro que en alguna clase le habían dicho que debía mejorar en esa materia.

Su mayor virtud, creo que innata y afianzada con la experiencia más que con los estudios, era la capacidad de motivar mediante la cercanía y el buen trato. Conocía los nombres de aquellos 400, y los nombres de los 800 de ahora, y me atrevería a decir que sabía cuántos hijos tenía la mayoría de ellos, pero sobre todo, con pelos y señales, incluso genealógicos, de sus colaboradores más cercanos. Se preocupaba personalmente de recibir noticias destacadas, por ejemplo que la hija de uno de sus empleados consiguiera una medalla en gimnasia, para llamar personalmente al padre y felicitarle por ello. No había mañana que no comenzara llegando el primero al departamento técnico (el de su anterior función) para conversar unos minutos con los operarios y con los ingenieros, sin distinción, apretando manos y golpeando espaldas, haciendo chistes y contando los últimos goles que su hijo había marcado con las inferiores del Belgrano C.F.

También, cumpliendo con el estereotipo judío, era un buen negociador. Se preocupaba de conocer a sus interlocutores igual que antes he comentado de sus empleados. Exprimía cualquier medio para conseguir la información, hasta la más recóndita, y se sentaba luego con su equipo para comprobar cómo reaccionaba cada uno de sus componentes al ir sabiendo esos datos, algunos inconfesables, de quienes iban a ser sus rivales. No apuntaba nada, no planificaba nada, se lo jugaba todo a su memoria y a su inteligencia, dos capacidades mortíferas en su batalla por el éxito de la negociación, siempre ocultas bajo esa máscara de llorón impertinente. Por otra parte, no le observé actitudes de kamikaze ni veleidades deshonestas. En una ocasión, conoció las inclinaciones pederastas de un Intendente (Alcalde), con quien debíamos tratar una recalificación de terrenos propiedad de la empresa y no quiso aprovecharse de ello para sacar tajada. Nadie del equipo lo supimos, a mí me lo contó meses después, cuando ese político salió salpicado y fue obligado a dimitir: según la prensa por malversaciones de fondos, según los *topos* por elevar sus pretensiones económicas de *coima* por encima de las de sus *capos*.

Tuve que trabajar muy cerca suyo en un asunto delicado. Había que acorralar y conseguir el despido de un grupo de activistas sindicales que rayaban con el mundo terrorista. Su líder, Marcello Cantizzano, era un siciliano que, tomando modelo de su mafia en origen, trasladó sus formas de hacer a la vida gremial. Llevaba pistola en la sobaquera y aplicaba sucintamente prácticas de extorsión y chantaje. El Ingeniero me sondeó para decidir si podía compartir conmigo su estrategia. Al cabo de unas semanas, me explicó que sólo deseaba un compañero para ese viaje, un compañero confidente, casi terapeuta, que actuara además de notario para certificar el buen objetivo de una acción ilícita: liberar a la empresa de un cáncer que atentaba contra todos los principios morales y económicos. Así conocí sus movimientos para embaucar a un fullero, para engañar a un mentiroso, para acorralar a un camorrista... Encontré a un Ingeniero valiente, listo, calculador... Cuando estuvo seguro de mi lealtad y de la segura efectividad de la estrategia, me hizo su única petición: que le acompañara a una reunión confidencial con el Director General español, al que antes debería preparar yo sin decir el motivo real de la entrevista, con el fin de conseguir que le autorizara a disponer de determinadas cantidades de dinero para fijar con Cantizzano montos superiores a los habituales como indemnización de su despido y el de su banda. Todo salió según lo previsto.

Vivía con un estilo de vida bastante austero para su situación social y económica. Me confesó que sus gastos corrientes eran la sexta parte de su sueldo neto, y que ahorraba casi todo lo demás por prevención ante el esperado despido. Pero además de este efecto primario, la actitud temperada servía de ejemplo ante su gente. El entorno del país no favorecía en absoluto un comportamiento honesto desde una posición de tanto poder. No sé si aquella confidencia sobre sus gastos también fue *confidencialmente* contada a los otros directivos de su equipo... pero generaba impacto en la gestión profesional y personal de ellos, haciéndola modélica y coherente con los mensajes que se transmitían desde la Dirección General: eficiencia, eficiencia, eficiencia... honestidad, honestidad, honestidad.

¿Qué me traje de aquel Ingeniero? La bisoñez bien llevada origina una bolsa enorme para almacenar aprendizaje. Era yo bisoño y quería llevarlo bien, así que hice marsupial mi alforja y la doté de habilidades directivas. Pero sobre todo, hoy recuerdo del Ingeniero que los años que trabajé de su mano me dieron la base sólida de mi crecimiento, no sólo como directivo o como profesional, sino como persona en un entorno tumultuoso. Primeramente, me estudió por varias razones: de seguridad personal, que no por desconfianza; de seguridad en el éxito, para comprobar hasta qué punto sería yo capaz de asumir responsabilidades; de seguridad en el encaje con su equipo, puesto que su proyecto no incluía el lucimiento individual para nadie. Tanta seguridad para él en los fines de su investigación sobre mí que consiguió transmitirme esa seguridad... y autoestima... y conocimiento paulatino de mis capacidades, hasta provocar el aumento de mis habilidades con el menor sufrimiento posible, es decir, con ese arrope del buen padre que va soltando al mundo a sus hijos con la cadencia adecuada para que asuman unas poquitas más de responsabilidades en cada suelta.

Puedo recordar más aportes suyos para mí...

...como el estímulo de la creatividad, que ejercía llenándome de ideas en unas largas conversaciones plagadas de propuestas, algunas producto de sus sueños, otras de su necesidad profesional, las más del conocimiento que adquiría de mí...

...como la colaboración, que siempre significa cesión de tu protagonismo, incluso de tus derechos o posesiones, y por lo tanto implica humildad (me decía que nunca dejara de ser humilde)...

...como la honestidad y la honradez en un entorno que favorecía la rapacería impune (sus palabras: "Nadie sabe si es decente hasta que ha rechazado al menos diez ofertas para ser indecente).

Cuando me tocó marchar de su equipo, el Ingeniero

se me quedó mirando tras un abrazo silencioso, cálido y entrañable. Pareció que quería hablar, pero calló mientras los dos tragábamos nuestras lágrimas. Supongo que me quiso decir lo que me envió por correo electrónico unos días más tarde: "No dejes de ser quien eres y los demás harán que un buen día no te reconozcas porque habrás mejorado y mejorado sin que ellos ni tú os hayáis dado cuenta".

TERCER JEFE: el Benemérito

Benemérito, según la RAE, tiene dos significados: 1) Digno de galardón; 2) Guardia Civil. Una compañera mía, cercana colaboradora del Director General español, argentina ella por los cuatro costados, adjudicó este calificativo a Pepe Cabrales, que ocupaba tan elevado puesto en la empresa.

Podría ser benemérito porque su gestión llevó a revertir los resultados de la empresa desde las pérdidas diarias de un millón de dólares diarios a doscientos cincuenta mil de ganancia por cada veinticuatro horas. Pero no iba por ahí el significado que le asignó Marta Scalise, sino más bien por el concepto de autoridad que le transmitía la Guardia Civil. Si Pepe hablaba, quienes le escuchaban se tragaban las órdenes (siempre eran órdenes) con muy poco margen para la discrepancia. Creo que Marta estaba enamorada de Pepe, y Pepe de Marta... no soy capaz de asegurarlo...

Leerá usted que siempre digo Director General español. Es que había otro francés, socio operador nuestro a medias en capital y en gestión. No había otros puestos duplicados y en realidad el correspondiente al Director General Adjunto (el español) tenía funciones de coordinación operativa, mientras que el francés se ocupaba de lo funcional. Mala dupla esa de españoles y franceses para gestionar juntos, y sobre todo con los aragoneses, aún estando vivo el espíritu de mayo de 1808, los sitios de Zaragoza... y de Gerona (como siempre se encargaba de recordarme el Ingeniero Cabrales, catalán él), Pepe Botella, los afrancesados y Agustina de Aragón.

Pepe Cabrales, al que a partir de ahora mismo llamaré el Benemérito, me provocó un sentimiento emulativo de admiración nada más entrar a su despacho. Lo conocí en el aeropuerto de Ezeiza, escondido entre los conductores de los remises (servicio de transporte de personas en vehículos particulares), así que nada más ver aquella comitiva de recepción me dispuse a estrechar a todos la mano, pensando que, por su traje gris, camisa blanca y corbata oscura, eran altos directivos de la empresa. Allí estaba el Benemérito, alargando una mano floja para estrechársela a quienes no conocía, y en cambio proponía un abrazo contundente para algunos de mis compañeros de viaje, ya que habían sido compañeros suyos en Barcelona o en Gerona, y casi convertidos en amigos... aunque esa palabra de amigos, en el Benemérito, no cuadraba mucho fuera del ámbito laboral.

Me dejaron en el Hotel Continental y todos ellos se fueron a una reunión. En mi caso, como era de la parte administrativa y los otros eran comerciales o técnicos, me tocaba por la tarde. ¡Qué susto! Era lunes por la mañana y no tenía que ir a la oficina. Me atreví a salir a dar una vuelta y casi me pierdo, porque estaba alojado en la Diagonal Norte y no acerté a la primera en cómo dar la vuelta a la manzana triangular. Mientras, el Benemérito ya llevaba una reunión intempestiva y urgente con unas veinte personas, de las que diez acababan de aterrizar de un vuelo de doce horas, con *jet lag* hacia atrás (el menos malo, pero igual de fatigoso).

Le debí caer bien al apretar la mano en el aeropuerto, porque nada más llegar a su despacho, cerró la puerta, me preguntó cuatro cosas, y ya me hizo coordinador de una Comisión de Reestructuración de las Gerencias de Administración, Personal y Control, junto con dos franceses en los que *confiaba muy poco, ya que son tontos y gabachos.* Tuve que seleccionar a un auxiliar administrativo de apoyo esa misma tarde (entrando y saliendo de la reunión para realizar las entrevistas a las tres personas que me envió la agencia de empleo), escuchar mi nombramiento como Secretario de la Comisión y, antes de dormir, preparar el acta de esa primera reunión que duró desde las 15.40 hasta las 10.24. Naturalmente, el Presidente era el Benemérito. Ese primer día ya crucé unas sonrisas con Marta Scalise, pero no nos presentaron. La chica llamaba la atención porque entre casi treinta personas solo había dos mujeres, y ella era la única rubia.

Los demás días de la semana me daba total libertad. Los lunes teníamos reunión, larguísima reunión, en cuyos paréntesis, nunca planificados, me arrastraba a su despacho y me obligaba a aliarme con él haciéndole el papel de sumiso y castigado ante los asistentes, soportando sus gritos y broncas en la supuesta representación, incluso llegando a la humillación y el insulto con el fin de asustar a los demás: *si hacé esto con un paisano, qué no va a hacernos a nosotros.* Me sentí como el hombre de confianza de un mandamás directivo, en el cual se apoyaba para lograr objetivos importantísimos en el devenir de la empresa. El Benemérito *ladraba*, me *ladraba* y era capaz de endosar lindezas de este estilo a los otros:

'Si es que ya me explico por qué sois así los argentinos, si ya os parieron vagos. ¿Os habéis fijado cómo empieza la semana en vuestros calendarios? Pues claro, en rojo, en feriado, que decís vosotros, en domingo.

¿Qué puede esperarse de alguien que ya empieza la semana descansando?

'Ya lo creo que tiene razón el chiste. No hacéis más que destrozar por el día lo que la naturaleza os regala por la noche.

'Si trabajarais tan bien como habláis, seríais la primera potencia mundial. ¡Qué verso que tenéis! Si os hiciera caso, todos podríais ser Directores Generales... pero ¡ja!, no hay nadie que dé el callo, sólo queréis mandar, mandar y mandar, figurar, figurar y figurar.

'Y lo bien que sabéis *dibujar*... Ni el Molina Campos ese tan famoso os hace sombra. No hay ningún dato verdadero en las planillas que me presentáis. ¡A ver! ¿Quién se atreve a que le mande los de Auditoría?

'No tenéis ni puta idea, pero ni puta idea de cómo se gestiona un negocio... ¡Que se trata de ganar plata, ¿me oís?, ganar plata!

Y para cerrar los ejemplos de su anecdotario verbal, relato unas frases que dedicó a un compañero cuando a mediodía de un sábado el grupo de españoles nos habíamos reunido (como casi todas las semanas) para comer en un restaurante. Estábamos a los postres. El Benemérito traía una cartera de trabajo, porque venía desde la oficina, con varias planillas modelo que contendrían datos del Cuadro de Mando. Revolucionó los platos, cubiertos, cafés, vasos, copas... mientras sacaba papeles y hablaba sin parar, a ritmo de mando, sobre qué era necesario implantar. Amadeo, un compañero despierto y vivaz, le hizo comentarios muy acertados para simplificar las columnas y mejorar la lectura de la información. Pepe se le quedó mirando con sorna y, levantando la voz, se dirigió a la esposa de quien le había hablado:

'Mariana, ¿tu marido es tan bueno en la cama como haciendo planillas?

Mariana, ágil en la contestación, apenas permitió que el tenso silencio durara más de un segundo:

'Así es, Pepe. Duerme a pierna suelta, no ronca y hasta tiene el supletorio del teléfono en su mesilla por si llaman que no me despierte yo. Ya ves, es buenísimo en la cama.

Estas cosas sucedieron cuando él ya me había ofrecido y yo aceptado ocupar un puesto en el equipo directivo de la Delegación Norte, con el Ingeniero Rossenfeld. Es decir, ya estaba decidida mi continuidad por más de los tres meses iniciales de la "Misión" y él no era mi responsable inmediato. El Benemérito, aun teniendo mis jefes directos en los departamentos donde me ubiqué, fue mi jefe más o menos jerárquico, más o menos funcional, hasta el punto que paralelamente a mis puestos de organigrama, también me ocupé de la Dirección de un Proyecto Organizativo, en el que Cabrales llevaba la batuta. Mis jefes directos ni a él ni a mí nos decían ni pío. El Benemérito tenía bula para hacer y deshacer.

Profesionalmente, me enamoré de él, ¿quizá como Marta? No sé. Pepe era un hombre enérgico, comprometido, brillante y vibrante. Se había aprendido la empresa de memoria, era capaz de recordar todos los indicadores y sus valores comparados de cada Delegación para abroncar, siempre abroncar, a los que ocupaban la posición de cola. Trabajaba horas y horas, hasta setenta a la semana, a razón de 12 por día (que podían llegar a 14) de lunes a viernes, y cinco más en cada mañana del sábado y del domingo (a veces, además, nos reuníamos en su casa el domingo por la tarde para preparar normas, o reuniones, o planes de acción "sibilinos"). Admiraba a Pepe como un hombre triunfador que veía más allá de lo que otros veían, siempre alerta y sobre todo muy enérgico y poderoso, de tal manera que te sentías protegido por él si pertenecías a su club. Ahora bien, era implacable con los que consideraba sus enemigos, los llenaba de imprecaciones, si no insultos, con un lenguaje de guerra más barriobajero que empresarial.

Me convertí en su hombre de confianza, y hasta se permitió algún comentario personal en nuestras conversaciones.

Se empezó a desmontar mi ídolo una mañana, a las 7.30, en el bar de al lado de las oficinas, en la avenida de Mayo, adonde Marta y yo lo habíamos convocado para explicarle qué estaba ocurriendo con su ya famoso Cuadro de Mando. El Benemérito continuaba con su emisión de planillas donde cada delegación o departamento informaba de los datos referidos al avance de sus objetivos. Ya llevábamos así tres años. Mientras tanto, el área de Control de Gestión le había propuesto elaborar un programa informático en el que se volcaran los datos, y emitiera listados de comparación con una amplia posibilidad de guardar históricos. Se negó. Tal como también se negaba sistemáticamente a darle color a las planillas, alegando ahorro de costes. Todas en blanco y negro (sospeché que podía ser daltónico, algo que nunca reconocería, por Dios). Se había convertido en tal su obsesión por las planillas de lo que llamaba el Informe Mensual de Control, que pedía le consultaran hasta por los tipos de bordes, el tamaño y el formato de la letra. En una ocasión, después de unos seis o siete intentos de aprobación, le presenté el mismo diseño que él había rechazado la primera vez... sin desvelárselo, por supuesto. Le pareció una maravilla, un acierto, "qué bien que haces las planillas, Trevijano", me *felicitó*, "si eres tan bueno en la cama, no habrá mujer que te impida repetir y repetir". Me extrañó escuchar la redundancia de este argumento de felicitación con el que obsequió a Amadeo en el restaurante, porque siempre era ocurrente y original. ¿Tendría también obsesión por el sexo?

Volvamos a esa confitería de la avenida de Mayo, donde Marta y yo habíamos llegado cinco minutos antes, después de haber preparado con detalle los argumentos a exponerle, esencialmente dirigidos a evitar que los cambiara tan a menudo, por varias razones: cuando ordenaba una modificación, el último mando responsable de cumplimentarlo tardaba más de tres meses en enterarse; al no tener continuidad mes a mes, era difícil trabajar con acumulados comparativos; y tal cantidad de variaciones en tan corto espacio de tiempo le restaba credibilidad al sistema de control y a él mismo como Director.

¡La que se armó! Había llegado con los ojos algo enrojecidos y el cuello parecía inflamado. Casi no nos escuchó. Empezó a gritar antes de que termináramos de exponerle el primer argumento... unos gritos de alocado, por no decir demente, que nos dejaban en ridículo ante quienes desayunaban medio dormidos. Se marchó sin tomar el café, sin dejarnos rebatirle, y con la sensación de que nos esperaba una buena en cuanto volviéramos a vernos, como así ocurrió a las doce de ese día, en una reunión sobre eficiencia de procesos. Nunca me sentí tan humillado, tan asustado, tan manoseado como bajo aquella cascada de improperios, exabruptos, burlas, escarnios... que saltaban más allá de lo profesional y lo laboral, sacando algunas intimidades que le había contado en aquellos accesos amistosos que el Benemérito tenía de vez en cuando conmigo. Si hasta se burló de que mi padre fuera chofer de autobús... No pasé el día nada bien, anduve desconcentrado, dolido, enfadado, unas sensaciones muy fuertes de impotencia y desánimo, apenas hablé con nadie. Por la noche, a las diez, sonó el teléfono de mi casa. Era él. Con un tono totalmente distendido y amable, me felicitaba por unos aspectos menores que habían trascendido como buenas prácticas de mi departamento. En realidad, era su manera de pedir perdón... pero no colaba... El mal estaba hecho, y el ídolo comenzaba a desmoronarse.

Ya llevaba tres meses dirigiendo el Proyecto, lo que me había provocado un subidón de adrenalina traducido a motivación para sacarlo adelante. El incidente de aquel día no me diluyó el entusiasmo, pero dejó abierta la pendiente por donde podría escaparse a poco de recibir algún otro empujoncito. Marta era mi jefa de proyecto y se burlaba amablemente de mis disquisiciones con su Benemérito. Ella, más veterana, sabía aguantar mejor estas presiones por experiencias anteriores de incluso más enjundia que un simple proyecto organizativo. Pero cuando él abría la boca, ella salía disparada a cumplir la petición... y si era una llamada a su despacho, mejor que mejor. ¿Lío de pollera (falda) y bragueta? No sé, no creo... me parece que esa forma de gestionar le había provocado a ella mayor dependencia que a mí, una dependencia que podía rayar en el servilismo, tan enfermiza como su adicción al trabajo, tan maléfica no tanto por embrujo que por enfermedad somática, pues podía provocarte males como estrés, sudoración, ansiedad, alopecia, insomnio, erupciones cutáneas...

Mantuve el favor del Director General Adjunto, don Pepe Cabrales, alias el Benemérito, durante más de tres años. Era una relación de sometimiento psicológico, debo reconocerlo, al igual que la de él con Marta, aunque por motivos distintos. A mí me causó impresión estar tan cerca de la alta Dirección, trabajar codo a codo en su propia casa con nivel de intimidad personal, influir en decisiones que afectaban a más de cuatro mil personas o repercutían en la gestión de cientos de millones de dólares. Pepe manipulaba adecuadamente las emociones del personal de su equipo hasta que, con un toque casi demoníaco, lograba la adhesión a su causa esperando que algún día devolvería tanto favor acumulado con unas cuotas altas de interés. Algunos compañeros se dejaron la salud por el camino, por ejemplo con una hernia discal agravada por no guardar el debido reposo, otros perdieron el matrimonio por no guardar la mínima dedicación a la familia, y en mi caso perdí varias cosas (entre ellas pelo y el sueño), aunque más me dolió perder al gurú, perder al líder, perder la referencia profesional.

No fue un derrumbe súbito del edificio. Aún disfruté con alegría del aprendizaje que me provocaba elaborar con él las definiciones de objetivos, las normas operativas, los criterios de calidad... todo aquello que luego estudié en un MBA, y que resultó tan calcado que al descubrirlo se me cayó la pared maestra y parte de la fachada. El hombre no era tan dios, había aplicado lo que había aprendido, ni más ni menos, pero no inventaba nada, como quería hacernos creer con mensajes heréticos.

Poco a poco fue alejándose de mí, pero en un momento determinado, que fecho en septiembre, creo que el día 16, comenzaron algunos actos suyos de desconfianza y recelo, demasiado fingidos como para que me los creyera ciertos. Todavía no quise entender esa pérdida, aún deambulé entre funciones inconexas que él me administraba pulcramente para darme pequeñas gotitas de atracción laboral. Entre varias acciones, utilizó una de sus estrategias favoritas para mantener la adhesión emocional a través del miedo y la protección al más puro estilo mafioso.

'Alberto, me he enterado de que los franceses te quieren quitar la concesión de la vivienda porque ya llevas más de cuatro años aquí. Jacques está haciendo maniobras también para rebajarte el plus de expatriación. No hagas nada, no digas nada porque será peor. Voy a ver cómo te lo soluciono.

Me comunicó esto un viernes por la mañana. Día apropiado para perjudicarme el ánimo del fin de semana, además de *disfrutar* de su sarcasmo en la comida sabatina con los españoles.

El martes me anunció en voz baja:

'No te preocupes por lo del piso y lo del plus, que ya lo he arreglado. Me ha costado discutir, pero al final te quedas como estás al menos por dos años.

Casualmente, a los dos años, hice muy buenas migas con Jacques porque los dos jugamos juntos al tenis en el campeonato interno de la empresa. Le pregunté por aquellas amenazas que me había informado el Benemérito... Y me contó con sus erres guturales:

'Sí, lo recuerdo. Pero no fue nuestra la proposición. El planteamiento era rebajar las condiciones de pago por expatriación a partir de seis años de permanencia en el mismo país.

'¿No eran cuatro?, me interesé.

'Seis, seis, me acuerdo perfectamente. Y la propuesta surgió de vuestros colegas directivos en España, los de

Madrid, pero nuestro Director General (el francés) no permitió injerencias y todo se mantuvo, y se mantiene, como estaba.

Cabrales te creaba el problema y él mismo te lo resolvía, así se erigía en noble defensor de las causas más sensibles para su gente. Ja. Hacía lo mismo con los préstamos para compra de vehículos que se gestionaban desde España, o las ayudas para los colegios de los niños. Estaba obligado a concederlos porque así se consideraban por la política de empresa, pero el Benemérito los retenía un par de semanitas mientras te contaba lo difícil que le estaba resultando conseguir la concesión, que los de España eran muy duros, pero que los perseguía con la misma medicina porque no hay derecho a retrasar estas cosas.

A los seis años de la compra, la empresa dio beneficios por explotación, muy consolidados, de base firme con proyección a largo plazo. Por fin, el Director General Adjunto cobró su variable del 40 % completo más una prima por eliminar los números rojos. Todos pensamos que se lo merecía cumplidamente, pues más de las tres cuartas partes del crecimiento se basaban en planes que él lideraba.. También pensamos que iba a ceder en su actividad, que bajaría la presión, que se dedicaría a implantar otros proyectos para consolidar el negocio, entre ellos formación y desarrollo para los empleados, planes remunerativos especiales para los directivos... Oh, no, qué va. Cada mes se inventaba una nueva acción, innecesaria, pero "muy urgente", para justificar sus largas jornadas. Impartió personalmente un curso, que fue un 'peñazo', porque se pasaba seis horas hablando sin parar, lleno de coletillas, como *digamos, evidentemente, resulta que, y en razón de;* estableció unas veinticinco planillas añadidas al Control de Gestión, con cumplimentación mensual; y creó tres Comisiones de estudio presididas por él para asuntos tan relevantes como la justificación de los gastos de viaje; las jerarquías de autorización de vales de almacén o la ubicación de existencias fuera de los espacios establecidos.

En un día de un mes de septiembre de 1989, Pepe Cabrales dejó de tratarme como una persona con proyección y potencial. No tengo muy clara la fecha, pero por ahí andará, puesto que lo deduje años después, departiendo amigablemente con Marta Scalise, riéndonos de tantas y tantas anécdotas que habíamos pasado juntos, hasta que su discreción quedó un poquito quebrada y dejó caer unas frases que me dieron cabal explicación al apartamiento que el Benemérito me hizo sufrir desde aquel día de un mes de septiembre:

'No sabes los celos que te agarró, ¿viste, gallego?, porque un día le dije en el ascensor, que me acuerdo bien, cerca de la primavera, sí, los dos con un enojo espectacular que no nos hablábamos casi... y eso, ¿viste?, que le dije: hala, me voy a trabajar con el Trevijano, que es muy buen chico y mucho mejor jefe que tú, ¿viste?, pero que mucho mejor jefe que tú. Y se le encendió la cara, ¿sabés? ¡Cómo se le comían los celos de ti!'.

Sin comentarios.

CUARTO JEFE: el inseguro

Las empresas quieren ser, bonito ideal, ajenas a componendas políticas, y a veces lo consiguen: no recomiendan el voto a ningún partido... pero gran parte de sus actuaciones internas se tiñen de las corruptelas y nepotismos propios de los avatares políticos. Cuando me dijeron que iba a ser subordinado de Michel Delettre, de inmediato pensé en quién lo apadrinaba, puesto que el chico traía corta experiencia, y en el año que llevaba en la empresa se había ganado fama de hipócrita.

Voy a intentar contar esta historia apartando el despecho que me produjo su nombramiento, no porque aspirara yo a ese puesto, que también, sino por cómo se produjo esa designación, a dedo, exclusivamente con base en el parentesco político con un directivo francés de Francia, y por las heridas que me dejó. Lo voy a intentar, pero creo que no lo voy a conseguir.

Michel era inteligente, más de lo aparentado y menos de lo que él se creía. Su aspecto físico, de estatura baja, cabello castaño claro, algunos kilitos de más alojados en la barriga, no generaba atracción, ni fu ni fa. Ahora bien, los espejos, o cristales, sobre todo los traslúcidos, abundantes en el mobiliario de la empresa, se convertían en la devolución de una imagen suya figurada con olor y sabor al canon de belleza griega (qué creído era). No dejaba de mirarse, y mirarse, y mirarse, y atusarse el flequillo, ajustarse la corbata o esconder el michelín.

Realmente, antes de conocerlo personalmente como miembro de su equipo, no podía intuir ni las cortas virtudes ni los largos defectos que atesoraba en su interior. Me habían llegado noticias de su procedencia (para fruncir el ceño) y de su amabilidad, educación y respeto, así como de su amplia formación y experiencia como consultor de empresas en Francia. Cuando se casó, su suegro, deseoso de que pasara más horas con su hija (no sé para qué), le otorgó un puesto bien remunerado en la empresa en la cual ejercía como consejero, o sea, la asociada con la nuestra para gestionar la sucursal argentina. La hija, admiradora de Evita, pidió a su padre el destino a las orillas del Río de la Plata.

Una compañera, y casi amiga, Viviana, que rondó con él los primeros meses, no sé si hasta el punto de visitar un albergue transitorio, también llamado "telo" en la jerga porteña (es un hotel que alquila habitaciones por horas y ofrece servicios amplios y discretos para disfrutar del amor —y placer— oculto), me advirtió misteriosamente de la siguiente manera:

—No sabes lo que vas a encontrarte con él, Alberto. Una delicia de hombre arrastrando un remolque cargado de complejos que, a cada frenazo en la marcha, su marcha, lo traspasan, lo inundan, lo maltratan.

Y con tono picarón continuó:

—Tendrás que aprender a gozar con él, porque va a joderte bastante a menudo, así que relájate y disfruta.

No me atreví a preguntarle si ella había hecho lo mismo, pero deduje que no, que era uno de esos consejos que das con fundamento, aunque no has sabido aplicarlo en el caso que recomiendas.

El primer contacto me cautivó. Sí, me cautivó y me hizo dudar sobre mis prevenciones respecto al origen de este nuevo jefe. Mantuvo una conversación divertida, interesada en mis intereses, humilde, alejada de vanidades y centrada en mi persona y en mi trabajo. Le escuché algo obnubilado porque me desmontó todas las expectativas que traía. Marcó directrices conjugadas con la teoría más avanzada de gestión de las personas, ofreciéndome autonomía, apoyo, seguimiento, disponibilidad... "¡Qué maravilla!", pensé, "si hasta es probable que haya encontrado un nuevo Rossenfeld". No quise apreciar aún esas posturitas de niño modelo de alta costura mientras se miraba en el cristal traslúcido que separaba su despacho del pasillo. No quise apreciar el falso brillo en los ojitos cada vez que me ofrecía un halago. No quise apreciar ese destello de soberbia cuando me hablaba de sus estudios en el INSEAD (luego me enteré que iba bien avalado por su suegro, porque si no es así no llega ni a atravesar el portal de esa prestigiosa Escuela de Negocios)...

Fue tal su encanto que me sedujo.

Y me acerqué por los dominios de Viviana para hacerle notar las grandes esperanzas que me había transmitido Michel con esa conversación.

Viviana me miraba sonriente, maternal al principio, maliciosa *in crescendo*, mientras escuchaba mi relato que intentaba rebatir aquellas advertencias suyas:

Sólo me contestó con una frase:

—Recibiste la sesión de vaselina...

Por acto reflejo, apreté las nalgas. Guardé silencio porque la prudencia me había enseñado que todavía estaba yo muy verde para acertar en el juicio a las personas después de una sola conversación. Al darme la vuelta dejando atrás a Viviana, oí una leve carcajada. ¿Sería por mi ingenuidad?

Llevaba varios meses trabajando con mi equipo en unas propuestas de mejora. Afectaban a procesos poco tangibles en la empresa, tales como desarrollo de estrategias y mentalización para la calidad. Estimé que era oportuno presentárselos a Michel, ya que si contaba con su ascendiente sobre sus compatriotas, sería más fácil que se implantaran.

Me escuchó con atención, me hizo comentarios interesantes y motivadores, y quedamos en proponer una fecha antes de quince días para revisarlo de nuevo, antes de presentárselo al Director General.

Pasaban los días y nada... sin convocatoria al efecto. Lo pillé por el pasillo y se lo recordé: evasivas con sonrisas. Aproveché una visita en su despacho para otros temas más operativos: larga cambiada mirando al tendido. En una reunión multitudinaria, le provoqué para que fijara esa fecha, teniendo en cuenta que allí se hablaba de que otros departamentos iniciaban esas aplicaciones a modo de reingeniería: perorata de alabanza sobre mis capacidades creativas... y nada más.

Tardé varias semanas en volver a tratar estos asuntos. Mientras tanto, avanzamos en las elaboraciones de los presupuestos en una buena sintonía, manejando los mismos conceptos de gestión, coincidiendo en modelos y formas de exposición... Hicimos un buen trabajo en equipo durante la temporada típica de propuestas, negociaciones y correcciones para fijar las pautas económicas del año siguiente.

Michel lanzaba un discurso de buen jefe. Pretendía planificar todas las actividades, hacer seguimientos semanales, estar al tanto de las dificultades y sobre todo de los avances. Sus conversaciones informales en los ratos de descanso siempre giraban en torno a temas que me parecían algo insulsos, poco profundos, ni siquiera referidos a la actualidad política o social, sólo de algún dato económico, del partido Boca—River, o del papel de Francia en las eliminatorias del Mundial. Intenté a veces forzar una charla sobre temas que me parecían interesantes: una exposición en el Palacio de Cristal, una ópera en el Teatro Colón, Borges y su nueva esposa... y siempre evadía avanzar más allá de dos o tres frases con comentarios banales. En cambio, sus buenas dotes comunicativas, su vocabulario, su análisis de aspectos de la empresa me hacían ver que detrás de esas evitaciones se escondía una persona con buena capacidad de juicio.

Viviana me preguntaba habitualmente:

—¡Qué, ¿cómo te va con el *gabacho*?!

Siempre le enviaba una mirada reprochadora porque no me gustaba ese apelativo, pero con el tiempo terminó gustándome, sobre todo aplicado a Michel.

En una de aquellas interpelaciones, le expliqué por encima el asunto de las propuestas de mejora, que estaba ahí parado, que me parecían alternativas muy válidas, que no comprendía cómo él no había visto su alcance...

—Estoy segura de que sólo vio cómo podías brillar si exponías esas ideas antes los grandes jefes... y a él no le gustan las sombras.

—Pero ¿y cómo sabe él que yo querría exponerlas? ¿Podría perfectamente hacerlo Michel y le acompañaríamos alguien del equipo?

—No entendés nada, pendejo. Michel sólo se siente seguro con lo concreto, lo pegado al suelo, le tiemblan las piernas sólo de tener que explicar ideas y no números, pero será incapaz de reconocerlo, y por supuesto no va a reconocértelo a vos.

Nos interrumpieron la conversación.

Me llevé una sensación agria de aquellas palabras. No sentía así a mi jefe francés, ni mucho menos. Al contrario, estaba seguro de que apoyaría cualquier propuesta que resultara aprovechable para la empresa y que hiciera destacar el trabajo del equipo.

Tomé unos días de vacaciones para visitar Península Valdés, con sus ballenas amigables y sus promiscuos elefantes marinos.

Al segundo día de mi regreso, Viviana, tras las preguntas y contestaciones obligadas por mi viaje...

—Por cierto, tu jefe quedó genial con la presentación de los presupuestos. Le alabó todo el mundo.

—¿La presentación? Si está prevista para pasado mañana. Precisamente estoy repasándola ahora.

—Pérdida de tiempo. Tu jefe adelantó la fecha porque quería ser el primero en presentar, tal como hizo notar en la exposición, "teniendo en cuenta las necesidades de fijar recursos compartidos con otras áreas".

—Si esa frase se la dije yo... ¡Este tío es un cabrón!

—Cariñosamente, aquí decimos hijo de puta, pero el pibe no es argentino, sino francés, así que a saber cómo le llamarán en su país.

—Pero no puede ser —aún no me lo creía.

—Es, es... y más vale que te avivés, porque fue la primera, pero no será la única. Aprovechará la vaselina para deslizarse por los lugares que menos te gusten sin que te des cuenta de que te está jodiendo.

Me sujeté el enfado con la todavía confianza en que no podía ser así, ya no por ingenuidad, sino por conclusión a mis observaciones sobre sus comportamientos... ¿o no eran comportamientos? ¿No eran sólo palabras?

Entré sin llamar a su despacho. De inmediato, me saludó amablemente y me pidió que me sentara. Recordé que, a pesar de estas formas suaves, no se había interesado por mi viaje. Le pregunté por los presupuestos:

—Terminados, mon ami. Los terminamos rápidamente gracias a tus aportes. Fueron geniales tus aportes y te transmito las felicitaciones del Directeur Genèrale. Me dijo personalmente que habíamos trabajado muy bien y yo, claro, le hablé de ti.

—¿Qué le dijiste de mí?

—La valía de tu ayuda en la confección de los presupuestos.

—¿Ayuda? ¿No crees que algo más?

Michel se asustó, balbuceó, no supo cómo contestarme a esa pregunta retórica.

Fui comedido.

—Te ruego que no le hables de mí al Directeur Generale —lo pronuncié como si lo leyera en castellano—. Nada, no le digas nada.

Di media vuelta y, sin despedirme, salí del despacho.

Desde aquel momento, la agradable relación del principio se volvió fría y distante, basada exclusivamente en la mínima obligatoria por la jerarquía laboral. Michel siguió sonriéndome como de costumbre, pero volvió a *aprovecharse* varias veces del esfuerzo de mi equipo para conseguir rédito personal ante sus colegas franceses.

Nunca volvimos a tratar de aquellos asuntos de mejora en los procesos, así que se los presenté por mi cuenta y riesgo al Benemérito, que los acogió con interés y me pidió que los guardara en un cajón hasta que corrieran nuevos tiempo. ¡Anda!, que no era político también. Pero tuve que darle la razón, a pesar del enfado inicial: a los pocos meses, Monsieur Delettre era devuelto a Francia, a un departamento en Marsella. Se marchó sin despedirse de mí, y creo que de ningún español, de pocos argentinos, y sólo de los franceses de su Consulado.

Antes de llegar a este punto de la historia, tuve que soportar la entrevista de la Evaluación del Desempeño.

Sinceramente, no pensé que se atrevería a convocarme, así que no la preparé, esperando encontrarme en la nómina un pago variable en término medio. Pero sí me llamó, a través de su secretaria, para "tratar unos asuntos profesionales", me dijo ella, antes de convocarme para dentro de una hora.

Inmerso en la actividad habitual, ni se me ocurrió qué podía querer mi jefe francés.

En pose de frialdad, le lancé:

—Buenos días. Me has llamado.

Sonrió largamente, sin levantarse de la silla, con una mueca fingida que le hacía alargar la boca incluso más allá de las orejas. Se me antojó una visión ridícula

—Mon ami Alberto —por cierto, no tenía deje francés, sólo lo usaba en algunas situaciones queriendo forzar su actitud pretendidamente simpática, que se convertía en patética—. Comment ça va?

—Bien —le contesté secamente, y me senté sin esperar a que me lo ofreciera, tal como ya había hecho en las pocas ocasiones que entraba a su despacho desde el episodio de la presentación de los presupuestos.

Michel estaba nervioso, muy nervioso, y en cierta manera comencé a sentir pena por él, porque ese rol le quedaba grande y no era el único responsable de su equivocada posición.

—No, no, mon chèrie. Venez par là —y me señaló la mesa redonda situada a un costado de su despacho.

Una vez sentados, sacó los impresos de la evaluación y comenzó una perorata más o menos de esta guisa:

—Estamos en la época de la Evaluación de Desempeño, lo que a mí me gusta hacer con tranquilidad y en buen ambiente laboral, sobre todo con colaboradores tan brillantes como tú, amigo Alberto. Este año que hemos pasado juntos me ha hecho valorar muchas de tus cualidades y he sabido apreciar cómo has contribuido a crear valor para la empresa. Te tengo en mucha estima personal y profesional, así que he decidido presentarte una propuesta de desarrollo que he basado en los aspectos a evaluar.

Erguí todavía más si cabe mi espalda, como si quisiera tensarla para que rebotara algún asalto a traición, y me mordí la lengua porque también había tomado una decisión antes de comenzar la entrevista: no iba a emitir una sola palabra que no fuera de cortesía.

Casi me evadí del instante. Recuerdo palabras flotantes en mi memoria que hablaban de unas zalamerías angustiosas. Máximas calificaciones para la mayoría de los aspectos, con comentarios elogiosos que me hacían sentir tanto pudor como vergüenza al entender su verdadera intención: que siguiera siendo ese buen profesional que le sacara las castañas del fuego con brillantez.

No sabía cómo reaccionar. Su tono era afable, incluso cálido, y no parecía interpretar un papel. Sus palabras sonaban cálidas y sinceras, además me halagaba con unas ponderaciones que me podrían producir sonrojo si las escuchara de otra persona. En un momento determinado, me pasaron por la mente las situaciones que más fuerte se habían grabado en mi dolor profesional. Sentí la traición envuelta en guante de terciopelo, esa maldad encubierta de dulzura que aplican los parásitos.

(Se nota que me he enfadado, ¿verdad?)

Le contesté:

—Querido Michel —y le tocaba el dorso de la mano en un gesto pretendidamente falaz.

Su cara se quebró por un momento, quizá esperando un exabrupto...

—Querido Michel —repetí—, qué amable eres en tus apreciaciones sobre mí. Exageras, ¿sabes? No soy tan bueno como pretendes, ni tal malo como me tratas.

Quiso interrumpirme.

—No, por favor, escúchame hasta el final. Sí, me tratas como si fuera un muñeco profesional, mejor dicho, una marioneta, a quien puedes mover a tu antojo. Podría considerar la maldad como un atributo tuyo, pero eso significaría apreciarte mayor inteligencia de la que tienes, aunque eres inteligente... y eres inmaduro.

Se hundió en la silla y dejó de mirarme a los ojos.

—Nunca podrás ser un buen jefe si no dejas de tratar a quien es más experto que tú como si pudieras manipularlo hasta exprimir todo su jugo. Me has maltratado profesionalmente, has minado mi prestigio con maniobras subliminales que iban encaminadas a torpedear lo más vulnerable, las emociones. Has jugado con la incoherencia de palabras y comportamientos, haciendo de aquéllas tu guante de terciopelo y de éstos tu daga asesina. Me has querido humillar, has querido medrar usándome como una escalera que puedes mover a tu antojo.

En este punto, subió su mirada desafiante como escudo defensor en su más soberbia postura. Seguí hablándole, ahora mirando a sus ojos en lugar de a su incipiente calvicie.

—Eres una persona insegura que actúa con miedos internos, que necesita más y más prestigio externo para tapar sus vergüenzas, sus carencias en autoestima y dominio personal, que le hacen fracasar en todas las misiones que le encomiendan. Quieres emular a tu suegro, ¿no? Piensas que no vales lo que él cree, ¿verdad? Y trabajas para demostrarle que puede y debe confiar en ti con un método equivocado. Tu soberbia es signo de tu falta de autoconocimiento. Tu potencial se anula con tu exceso de ambición para escalar a cualquier precio. Eres una bomba... y ¡cuidado!, corres peligro de estallar.

Guardé no más de tres segundos de silencio mientras le miraba a los ojos, que ahora brillaban, no sé si por rabia o por dolor.

Me levanté y salí al pasillo.

Al día siguiente, me anunciaron que había partido hacia París... y no volvió.

QUINTO JEFE: el práctico

Con Emilio Bak tuve una estrecha relación profesional, aunque no llegó a ser mi jefe directo. Cuando el Benemérito me nombró director de un proyecto sobre medición de la productividad, el área de Emilio, Recursos Humanos y Organización, tenía algo (mucho, si no todo) que decir, por lo que mientras desempeñé esa función prácticamente nos veíamos dos veces a la semana, una por el seguimiento directo que Emilio deseaba llevar, y otra, más informal, en la que conversábamos sobre aspectos varios, como la población de Argentina a principios de siglo y, además, de uno y el universo (es expresión suya, que tomó de su autor favorito: Ernesto Sabato).

Si sólo pudiera asignar una calificación a Emilio, lo definiría como práctico.... la praxis ante todo, la ley de la mayor eficiencia aplicando la economía del esfuerzo y, si había que pecar de algo, que fuera de menos, nunca de más (esfuerzo, me refiero). Que nadie deduzca tan pronto que lo quiero llamar vago, porque ni es ni será mi intención.

Un detalle no profesional, contado por él y que me confirmó otra persona, definió mi comienzo en la admiración: Emilio dejó de fumar cuando cambió de trabajo en un período de convulsión brutal: la macroinflación. Como yo fumaba casi tres paquetes diarios, dejarlo, y con tantos líos alrededor, me sonaba a proeza. Provenía de otra empresa privatizada, en la cual había conseguido acuerdos con los grandes gremialistas en momentos duros con ajustes de plantilla y sueldos congelados. Así, fue fichado a golpe de talonario por nuestros socios argentinos, a quienes correspondía nombrar la dirección de Recursos Humanos, junto con la Financiera y la de Asesoría Jurídica. En el Gremio de nuestra rama industrial, reinaba (casi era un cargo vitalicio) Marco Badoni, sindicalista de pro que campaba con tres guardaespaldas a su vera y paseaba dentro de una limusina blindada. Con él, contra él o a su lado, debía ubicarse Emilio en un período de revueltas sociales, con el cometido de reducir la plantilla un 40% a medio plazo. Y mientras tanto... dejó de fumar.

Su carrera se había desarrollado sin padrinos, caso raro, muy raro. No se le conocían amigos políticos, aunque en su despacho, sobre un mueble esquinado, sin querer llamar la atención, se asomaba una fotografía con autógrafo, donde se le veía con Raúl Alfonsín. Nadie supo a quién votaba, si cenaba con radicales o cohabitaba con peronistas (los gremios se declaraban peronistas). Se había graduado en la Universidad pública, en Derecho, y no le gustaba que le llamaran 'doctor', apelativo habitual a quienes ostentaban esos estudios y signo de un elevado prestigio social.

Curiosamente, siendo carrera de letras, destacó en números como experto en Remuneraciones y Beneficios, en cálculos complejos de bandas salariales móviles en aquella época inflacionaria, aunque estimo que, para ir escalando, su mayor mérito sería cómo hacer deslizar algunos salarios por el fiel de la balanza, dejando contentos a unos y a otros sin estridencias... ¡si no le oía su voz ni el nudo de su corbata!, silencioso, casi escondido.

Su físico sí debería llamar la atención: alto, casi uno

noventa, con buena planta que se encogía bajo los hombros, manos pulcrísimas, con uñas acicaladas en una manicura perfecta; ojos marrones, pequeños, vivarachos, móviles y observadores, nariz prominente, delgada, y unos labios ocultos dentro de una barba canosa (como todo su cabello) que disimulaba una mandíbula prominente, al modo de los Austrias. No caminaba, se deslizaba, incluso cuando corría como un relámpago que no podía evitar su destello, y por tanto su visibilidad, durando poco a la vista de los demás. Me contó un enemigo suyo que ni en el mingitorio se le oía salpicar.

Podría parecer un inadaptado social, un ermitaño... No, evidentemente no; ni un solo día, salvo por obligaciones del trabajo, se le vio almorzar con alguien de la empresa. Contaban que era una persona habitual en los círculos que rodeaban a los altos cargos del Ministerio de Trabajo, que incluso sonaba como futuro viceministro de algún departamento, que le consultaban frecuentemente sobre elaboración de leyes y reglamentos. Sólo pude comprobar personalmente (porque me invitó a una de esas comidas) que se reunía una vez al mes con colegas de la profesión para debatir, conversar e intercambiar experiencias consumiendo un menú que siempre contenía una buena pieza de asado en cruz. Fui el primer extranjero que acudió a esas reuniones. Nunca sabré por qué me invitó, le pregunté y eludió responder.

A los dos días de mi llegada a la empresa, lo conocí en su despacho, en la penúltima planta de un edificio de 15 pisos, desde cuya ventana podía verse en los días claros la orilla de Colonia de Sacramento, ciudad uruguaya al otro lado del Río de la Plata. Allí me llevó Cabrales, junto con los demás españoles (16) que llegamos en esa remesa. Nos asentamos sobre las sillas vacías que rodeaban una gran mesa de reuniones, mientras el Benemérito departía un par de minutos en su despacho, al lado de la sala. Cuando salió a saludarnos, su presencia era impecable, vestía con una americana azul oscuro, camisa amarilla pálida de puños con gemelo dorado, y corbata en aguas de colores rojizos... como si nos estuviera haciendo un homenaje a la bandera. No permitió que nos levantáramos, y se acercó uno por uno, a saludarnos con un fuerte apretón de manos, llamándonos por nuestro nombre (repito, erámos 16) y haciendo algún comentario referente a un aspecto particular:

—Alberto Trevijano Menéndez, ¿no es cierto?, hombre de números, hábil para el control de gestión, y un buen futbolista hincha de Zaragoza. Aquí podés hinchar por Vélez, que lleva la misma indumentaria y suele dar alguna alegría a sus seguidores. Yo soy de River, así que no te preocupés, nos llevaríamos bien, aunque en el Clausura pasado tuvimos piques.

Recuerdo su mirada directa, media sonrisa en sus mejillas, una voz atildada... una bienvenida de confianza.

El Benemérito se había colocado en el lado estrecho de la mesa, en la silla central, recostado con exageración sobre el respaldo, con las manos unidas y los índices acariciando su nariz. Diríase que observaba con envidia.

A la salida de la presentación, un compañero del área técnica comentó:

—Nunca me habían recibido así.

—Es normal — contestó otro colega de Sevilla—. Es el director de Recursos Humanos. Ha hecho lo que le corresponde.

Y un veterano, un catalán de sesenta años, del área de implantación de sistemas, se volvió lentamente para contestarle.

—Ser humilde y cálido no forma parte de las responsabilidades de un director de Recursos Humanos. Ni tampoco saber nuestro nombre y dos apellidos, ni mucho menos todos esos detalles que incluso son de nuestra vida personal. Tampoco pone en ningún sitio que deba ocupar dos horas de su tiempo en una reunión como ésta, que se la ha colocado Cabrales sin avisar y en medio de la negociación del segundo convenio, según me ha contado nuestro propio director general adjunto.

Ya como director del proyecto, me senté al cabo de varios meses en su despacho para realizar por primera vez el seguimiento acordado. Acudí lleno de ideas, imbuido de ese espíritu argentino de lucubrar sobre todo lo lucubrable, esperando que Emilio me escuchara con la máxima ilusión y me apoyara sin condiciones en las mejoras propuestas, aunque algunas requirieran ampliación de presupuesto.

Me escuchó en silencio, atento, con las dos manos sobre la mesa, sin ninguna interrupción, calculo que sobre media hora. Cuando solicité sus opiniones, siguió callado durante un tiempo que se me hizo eterno ante la ansiedad de haber conseguido una exposición casi perfecta, digna del directivo más innovador, y de aguardar los seguros parabienes del director de Recursos Humanos. Dijo lo siguiente:

—Alberto, Alberto... Estamos en una reunión de seguimiento y no la preparaste, ¿cierto?

Sentí una caída al vacío dentro de mi estómago.

—Me presentás una serie de modificaciones al proyecto que resultarían muy interesantes.

Pude abrir el paracaídas.

—Pero las especificaciones fueron aprobadas por el Comité de Dirección, volver a convocarlo es tedioso, reconvencerlos de hacer algo de otra manera, algo que ya antes no quisieron entender, me requiere mucho esfuerzo y tiempo que necesito para jugar al golf.

Aterricé sobre un cactus.

—Vamos a terminar aquí esta reunión, Alberto. Felicitaciones por tu creatividad, pero las cosas ya pensadas solicitan dedicación para hacerlas, no para cambiarlas. Primero, aplícalas, que otros ocuparon su tiempo para diseñarlas; y cuando las hayas aplicado, si no funcionan bien, o pueden funcionar mejor con tus ideas, es el momento de hablar... Antes no... Y hoy es antes... Quedamos mañana a esta hora y venís con los datos del seguimiento bien aprendidos, ¿okay?

Acabé con el culo lleno de pinchos.

Su mensaje se traslucía tan claro...: "haz lo que tengas que hacer, y nada más".

No debe entenderse como anulación de la creatividad o atadura de la autonomía. Emilio decía que cada cosa tiene su tiempo, que si hacemos más de lo que debemos o tareas que son de otros, al final desaprovecharemos nuestras fuerzas en volar más arriba de lo que necesitamos... y la caída puede ser dolorosa (por ejemplo, sobre un cactus).

Rara vez vi a Emilio haciendo una hora de más. Tampoco era tan rígido como un gerente de su equipo, nacido en Alemania de padres germanos, aunque criado en la Argentina. Este alemán, si quedaba a las nueve, estaba a las nueve en punto, pero siempre pedía exactitud igualmente en la hora de terminación de la cita, y si se marcaba a las once, cuando su reloj, tan impecablemente puntual como su virtud, daba esa hora, dejaba todo lo que estaba haciendo, incluso si era él quien hablaba, y daba por terminada la reunión. Casi huelga decir que a las ocho de la mañana estaba sentándose en el sillón de su despacho, y que a las seis en punto se marchaba, así estuviera negociando los servicios mínimos de un paro ilegal.

Emilio no era así de estricto, pero, repito, no hacía casi nunca una hora más. Y no por eso dejaba de ser más productivo que el Benemérito, por ejemplo. Cabrales le ganaba por goleada de >70 a <40 en horas de cómputo semanal de presentismo, pero los resultados eran igual de sobresalientes, verbigracia: reducción de cuatro millones de dólares al año en la gestión de personal, gracias a la aplicación de medidas basadas en la eficiencia silenciosa. Emilio sólo hacía loa de sus logros ante el Comité de Dirección y ante el Consejo, si era requerido... y sin rimbombancias, ciñéndose a los hechos, y hablando poco del futuro, "porque no soy adivino".

Puede alguien cuestionarse si, con más dedicación, podría haber conseguido mejores resultados. Nadie puede estar seguro, pero Emilio sí lo estaba:

—Dedicar más tiempo al trabajo nunca me garantizó mejores resultados, sino más cansancio. La productividad depende de la gestión antes que de la duración, de la inteligencia empresarial antes que de la dedicación. Si puedo dar rendimiento con 30 horas, porque ése es mi límite de frescura intelectual, trabajar más de 50 me elevará mis resultados en un plazo cortito, y quizá salve a la empresa de una tormenta... pero continuando así, lograré que mi rendimiento descienda por cansancio, por espesura mental, por atascos de agenda... No me negaré a gestionar una tormenta, pero si tengo tormentas todas las semanas, algo más grave ocurre por ahí adentro.

Lo de trabajar 30 horas a la semana... era cierto... Pero nadie le podía achacar negligencia ni falta de compromiso. "Haz bien lo que sepas hacer bien, hazlo a la primera... y no inventes mientras lo haces, cumple el plan, cumple lo que has prometido, y en el tiempo que te quede libre, sueña, innova, cavila... y después, prueba...". Palabras parecidas a éstas le escuché en varias ocasiones.

Puede quedar una gran duda, teniendo en cuenta que Emilio pertenece a la generación yuppi, la que más correspondía con el resultado >70 que el de <40, y es: "Siendo así de ligero su equipaje de actividad, ¿cómo pudo alcanzar este hombre su alto nivel directivo".

Según mi criterio, en Emilio confluyen unas razones difíciles de relacionar entre sí. Y tampoco quiero tratar de explicar lo que no entiendo muy bien. Me apunto al recurso de la anécdota como ilustración del concepto: contaré dos hechos muy diferentes en los que Emilio participó... y su forma de actuar da una pincelada sobre las causas de su éxito en situaciones comprometidas.

Uno de los gerentes de su equipo no había sido elegido por él, sino que fue nombrado por el accionista local nada más realizar el "desembarco". Nadie tenía muy claro qué hacía, pero estaba ocupando un despacho y cobrando un buen sueldo. Sin noticias oficiales, de la misma manera que fue nombrado, fue cesado... hasta el punto de que ni se le pudo preparar despedida. A la semana siguiente fue nombrado director en un departamento del Ministerio de Trabajo...

Para nuestros efectos, el suceso importa porque Emilio debía cubrir la vacante que le dejaba este cese. Era un puesto apetecible porque tenía un gran impacto en la gestión. De él dependían las decisiones organizativas, las vacantes y su nivel jerárquico, así como la asignación retributiva. Los tres accionistas pretendían comerse la nata de ese pastel. Tocar el poder de proponer huecos en el organigrama y salarios a discreción suponían funciones desde donde podía ejercerse una presión altamente efectiva, ofrecer favores y contrafavores, mostrar actitudes y marcar cultura.

Cada una de las facciones presentó un candidato. Emilio representaba al capital argentino, mi director adjunto marcó la opinión española, y la gerente del Gabinete hizo las veces de la parte francesa (en realidad, debería haber opinado el director general, a la sazón francés, pero como era además el jefe directo de Emilio, con el fin de que no se entendiera que había presión para colocar un candidato, se usó a la oficina de Gabinete, que por definición podía siempre proponer acciones para todas las actividades de la empresa). A través del Benemérito, surgió el candidato español, Julián Adámez (del cual obtuve información del proceso que ahora iré contando), que era otro expatriado como yo, subgerente que dependía del puesto ahora vacante. La parte francesa no tenía ninguna candidatura por expatriación y no eran nada amigos de proponer argentinos promovidos desde la empresa, así que presentó a Vlad Sirakov, un asesor de ascendencia húngara que había trabajado para la empresa durante tres años, cobrando alta cantidad y ofreciendo pura esencia de viveza criolla, es decir, listados de bajo valor. Y Emilio, por la parte de los socios argentinos, estuvo obligado a proponer a Pedro Alfonso, un director de Zona, próximo a la desubicación porque su ámbito geográfico se unificaba en la gestión con la zona colindante.

Así pasaron dos semanas, con arduos debates llenos de intervenciones calientes...

Emilio llamó personalmente a Julián a su despacho

en una tarde soleada del otoño austral. En el camino, mi compañero soñó con un nombramiento de gerente, digno paso para una carrera internacional.

—Estimado amigo —comenzó saludando Emilio a modo de quien inicia una carta—. Quiero que conozcas directamente de mí la decisión tomada para cubrir la vacante a la que aspiras. Y voy a ser muy sincero porque de esta manera seguiremos siendo colaboradores francos y ninguno de los dos tendrá que esconder la vista o fingir buenas maneras.

—...

—Sos un candidato muy adecuado para la vacante. En desarrollo aún, pero buen candidato, con sólida formación y una corta trayectoria con éxitos importantes. Pero no eres el elegido... y te diré por qué.

Nuevo silencio de espera tensa.

—Julián, vos volverás a España no tardando mucho. Ocupás un puesto que, como sabés, sólo ocupan expatriados en los primeros años de gestión tras la compra. Y si ahora fueras el candidato seleccionado, no dudo que aportarías valor, pero sería más el valor que el puesto te aportaría a ti que tú al puesto. Tendrás más oportunidades, seguro, y hasta donde yo pueda ayudarte, allí iré y si hace falta, más allá... pero no puedo ser coherente con mis principios de gestión haciendo mío tu nombramiento.

Tras unos segundos de digestión...

—Y... ¿quién ocupará la vacante?

—Begoña

—¿Begoña?

—Sí, sí, Begoña.

Ella era la subgerente colega de Julián, una buena profesional que Emilio se trajo consigo de la anterior empresa, candidata de última hora, elección por hartazgo de la discusión con sus colegas. El director general apoyó este nombramiento. Sentido común.

Segundo caso...

Un buen día nos desayunamos con la noticia de que habían despedido a la secretaria del director Jurídico. No era habitual despedir a personal de confianza, pero no hubo más revuelo.

Otro buen día corrió el rumor por la empresa de que a una economista muy bien parecida le habían pagado el segundo máster en poco tiempo, al cien por cien de su valor, acción que no era nada habitual en la empresa... Las malas lenguas hablaban de favores especiales...

Y un tercer día lleno de bonanzas, amaneció con Gabrielle, la gerente de Gabinete, roja de ira, al comprobar que su denuncia tardaba en ser atendida por el director general, su responsable directo y máxima representación del capital francés en la empresa. Gabrielle había sido acosada sexualmente en su despacho por el director Financiero. Parecía ser que hubo tocamientos y jadeos obscenos.

Hacía unas semanas me llamaba la atención que Emilio se iba a almorzar repetidas veces con el director Financiero.

A los tres días de los supuestos tocamientos, se supo que aquella secretaria había sido despedida con 10.000 dólares, el doble de la indemnización correspondiente, después de haber denunciado el abuso del mismo director. Aquella economista, asignada a esa Dirección, también había sufrido idéntico acoso. También lo denunció... con diferente repercusión dada la categoría profesional de la acosada. A la secretaria, se le despide. A la economista, se le pagan los estudios.

Emilio tuvo que negociar la salida del acosador. El Directorio puso sobre la mesa 600.000 dólares y un nuevo puesto en la empresa que el socio francés acababa de comprar en Mendoza. En la contabilidad, el importe se asignó a una partida fantasma.

No sé si Emilio discutió estas condiciones, pero pasó más de una semana sin salir apenas de su despacho. Rumores dicen que rumió su renuncia. Aguantó el tirón y siguió.

SEXTO JEFE: el trepa

En Buenos Aires, descubrí una nueva forma de provisión de vacantes directivas. Supongo que es tan antigua como la inclusión del gruñido en los tipos de comunicación, pero en lugar de extinguirse por atrofia y pasar a ser investigada por la Paleontología de los antecedentes sociales de los *trepas*, sobrevive en aquellos territorios donde existen determinados factores convergentes, como por ejemplo: intercambio de favores, escrúpulos ocultos y favoritismos potenciados.

Ninguna organización está libre de ellos... y que nadie se rompa las vestiduras ni eleve su grito al cielo, ni que tampoco me trate de ingenuo pardillo. Estas formas de actuar son como las meigas, que haberlas, haylas, pero no se ven porque los interesados se esmeran escrupulosamente en dotarlas de una pátina de invisibilidad que a veces se diluye y deja al descubierto enormes vergüenzas con atributos chiquitos. Salvo en caso de miembro adherido al club de la ignorancia de los tontos (el concepto se ampliará líneas más adelante), casi todos las quieren tapar.

Algo he apuntado en capítulos anteriores. Me refiero a que en la compra de la empresa se asociaron tres grandes organizaciones, una española, otra francesa y otra argentina. Esta rioplatense, antes de decidir si invertía o no, realizó el clásico estudio de viabilidad, cuyo nombre en inglés me niego a escribir y a pronunciar, para el cual buscó un apoyo interno que le confirmara la veracidad de algunos datos. En el sistema sindical argentino, existe el gremialismo de clase, peronista de nacimiento, que agrupa a la mayoría de trabajadores adscritos hasta determinado nivel profesional. A partir de este nivel, suele surgir en cada empresa una Asociación de Mandos Intermedios y/o Superiores, que negocia independientemente con la Dirección al margen del gremio de base, puede tener su propio convenio colectivo, y siempre se mueve en razón de un supuesto interés en la gestión de la empresa. Suele convertirse en un excelente trampolín para acceder a posiciones directivas. ¿Sindicato *amarillo* se llamaría por aquí? Esta Asociación fue el cauce interno por el cual fluyó el estudio de viabilidad del socio argentino. Desde los mandos sindicales de la Asociación, se proporcionaron datos que no podrían escribirse o pronunciarse en público. Preparar este cauce y acompañar en el tránsito del asunto significaba hacer un gran favor... que obligaba a su devolución.

El premio: los cuatro mandos sindicales pertenecientes a la Asociación de Mandos Superiores ocuparían cargos relevantes en caso de que la empresa favorecida por sus confidencias ganara el proceso de licitación. Puesto que fue así como sucedió, uno de esos dirigentes (el presidente de la Asociación), con titulación universitaria y cierta experiencia profesional, obtuvo una posición de alto directivo. Los otros tres, con menor (o ninguna) cualificación profesional, quedaron como directivos medios, pero con ciertas prebendas que mantuvieron hasta que salieron de la empresa. Cuando me desvinculé de ella, diez años después de la compra, quedaban dos: el alto directivo y el responsable de Comunicación Institucional. Ambos demostraron capacidad profesional y menos humos que sus otros dos compañeros, uno de los cuales ya ha aparecido en una de estas historias: el gerente que se marchó de la Dirección de Recursos Humanos a ocupar una Secretaría en el Ministerio de Trabajo. Del otro, me ocuparé en hablar dentro de unos instantes... porque fue mi jefe directo.

Cuando se marchó volando aquel gran directivo francés, llamado "el inseguro", de nombre Michel (ver capítulo 4), tardamos unas tres o cuatro semanas en escuchar la confirmación de un rumor que nunca quisimos creer por si negándolo no llegaba a producirse. Venía a sustituirlo Adolfo Riva, a la sazón ex—secretario de administración de la Asociación de Mandos Superiores, de 54 años, algo pelado (calvo para nuestra versión del castellano), petiso (1,52) y flaco (unos 50 kilos), pero con una prominente y picuda panza, de las que no se veía si lo mirabas desde atrás. Piernas muy delgadas, combadas hacia dentro, pies con punteras dirigidas al noroeste y nordeste respectivamente, culo plano y braguета colgante conformaban su perfil de cintura para abajo. En el rostro, una cicatriz, que ya quisiera él que fuera adquirida en algún campo de batalla, le cruzaba el carrillo izquierdo como consecuencia de un revés de su esposa, la cual arrastró su anillo con brillante a la par que golpeaba... y una nariz generosa, afilada y penetrante descartaba cualquier parentesco con los simios.

Aterrizó como elefante en cacharrería, sin presentarse a ninguno de nosotros porque supuestamente, dijo, ya lo conocíamos todos (suposición cierta, por desgracia), y cambió del techo al suelo la configuración del despacho, llenando la pared derecha con los titulillos de los cursos realizados, incluidos los sindicales, y la izquierda de desnudos famosos de la pintura universal: la

Venus de Urbino, la Venus del Espejo, la Maja Desnuda y Las Tres Gracias. Aunque parezca lo contrario, era un canto al desconocimiento, por llamar así eufemísticamente a la ignorancia de los tontos, que se diferencia de la de los listos en que aquélla nunca es aceptada como tal, incluso se le hace apología sin saberlo. Si bien a nuestra siniestra se contemplaban esas cuatro obras de la pintura, "como la confirmación de que la pornografía es arte" (ignorancia de tontos, a más a más), a la diestra conté veintisiete marquitos que contenían diplomas o certificados de cursos variopintos, incluido uno de patrón de yate. Insinuó varias veces que *sus* subgerentes deberíamos hacer lo mismo, para lo cual nos recomendada un establecimiento donde los marcos eran baratos, y otro donde también eran asequibles las láminas de grandes obras universales... de desnudo, con especial recomendación hacia José de Togores, con Desnudos en la Playa, hacia Miguel Ángel, con el fragmento de la Capilla Sixtina donde se aprecia la desnudez de Dios y Adán, hacia Botero, con Desnudos... y otras obras que no recuerdo, "*diferentes a las de mi despacho para dar variedad a la vista de la Gerencia, ¿no es cierto?*", tomadas de una revista argentina equivalente al Interviú español, de un número que dedicaron a reconstruir fotográficamente con modelos actuales unas cuantas obras de arte con desnudos.

Adolfo ingresó en la empresa anterior con 15 años, en los tiempos en que era presidida por un líder sindical, dentro del proyecto de *cogestión* que inspiró Perón y que los militares terminaron truncando. Adolfo, lejos de sentir vocación de afiliación gremial, decidió que sería jefe fuera *como fuera*.

Como fuera lo fue: conspirando contra los gremialistas de base, haciendo de espía escuchando tras las puertas, llevando la información a los gerentes de la empresa que terminaron devolviéndole el favor creándole el puesto de supervisor de Facturación General, bajo el supervisor General de Facturación (no hay error en los nombres de estos cargos). Así, cuando se vivía una época donde la delación era práctica habitual para otros fines, estaba bien visto aplicarla esta vez en el filtraje de los tejemanejes gremialistas. A tal punto llegó esta colaboración con la empresa, que fue nombrado titular de la Secretaría de Administración de la Asociación de Mandos Intermedios y Superiores (AMIS). Había ingresado como aprendiz de carpintería, fue ascendido por antigüedad a la categoría de oficial, pero no pasó por la de subcapataz ni por la de capataz. ¡Un gran salto! Con esta categoría, ya podía afiliarse a la AMIS, y no se demoró. Como afiliado de base, supo granjearse la simpatía de los dirigentes haciendo al principio trabajo de bajo nivel, pero limpio, como sacar las fotocopias, repartir los folletos, incluso ir a buscar al colegio a los hijos de cualquier miembro de la Comisión Ejecutiva y cuidarlos hasta que dicho miembro y su señora regresaran de algún evento nocturno al que acudían representando a la Asociación. Después de este principio, el trabajo de bajo nivel pasó a ser de nivel medio, y de limpio pasó a ser manchado: diversas vigilancias sobre afiliados sospechosos de colaborar con el gremio de base. Se deduce que cumplió su función con *alta performance*, pues en pocos años obtuvo una Vicesecretaría, desde donde siguió ejerciendo funciones de vigilancia y contraespionaje, entonces ya con más radio de acción, incluyendo directivos empresariales y sindicales.

Adolfo no tenía orientación al espionaje. De hecho,

sus capacidades para pasar desapercibido eran muy deficientes (siempre tropezaba con su barriga en esquinas y mostradores), pero disfrutaba con la confidencia, el soplo, la delación... si servían a sus objetivos de ganar puntos para medrar.

Y fue nombrado secretario de Administración.

Y formó parte del equipo de sondeo del socio argentino.

Y le dieron la categoría de gerente "para cualquier cosa".

En ninguna de las cosas que le adjudicaron brilló, aunque tampoco perjudicó ningún resultado, por lo que iba sobreviviendo con un sueldo de espanto, del que se vanagloriaba ante sus antiguos compañeros.

En una ocasión, me dirigía a una reunión en diferente planta de la que ocupábamos. Me encontré con un colega e intercambiamos un saludo corto detenidos en el pasillo formado por unas mamparas de 1,80 de altura. Después de cerrar el saludo, escuché la voz de Adolfo. Hablaba en tono prepotente y casi pedagógico, recalcando determinadas palabras, vocalizando más de la cuenta, como si estuviera hablando a un niño. No se preocupaba de disimular ni el volumen ni el contenido de su conversación.

—Ayer tuve que reprender a la gente de Personal, ¿sabés? Me parece a mí que son muy vivos y que querían boludearme un poco, por eso de haber sido gremialista. Porque Germán, ¿vos permitirías que te retuvieran cien dólares más de los que te corresponden?

Silencio del tal Germán.

—Los avivé con un llamado bravo, y aún se atrevió el Pintre a retarme con la plata que cobraba, que si cinco mil dólares en el recibo dan para aguantar cien de menos y esperar al mes próximo para regularizar. Le exigí que me lo liquidara desde ya.

Vi salir a Germán al pasillo y llevaba el uniforme de ordenanza.

Por el contrario, si notaba por nuestros aledaños la presencia de cualquier persona que él entendiera de rango importante, salía inmediatamente de su despacho con un papel en la mano y empezaba a dirigirse a su secretaria con frases como ésta:

—Señorita Martínez, haga el favor de tipear esta carta y me envía copias a don Genaro de la Cruz y a don Gumersindo Tutti (recalcaba el apellido Tutti, ya que pertenecía al Ministro de Trabajo), sin olvidarse de convocarlos a la reunión que preparé especialmente para tratar el asunto de los aportes a las cajas gremiales y su tratamiento fiscal... Pero, si sos vos, querido mío. Pasá, pasá a mi despacho... Señorita Martínez, hágame el favor, encargue unos cafés y unas masitas con medialunas, que voy a departir un ratito con don Mariano. ¿No es cierto, Mariano, que tenés unos minutos para compartir unos cafés?

Se le llenaba la boca de baba pastosa que en la mayoría de las ocasiones (dependiendo del rango jerárquico del invitado) se le llegaba a escapar de sus labios produciendo un ligero estallido a modo de pequeño salto de Iguazú.

Intenté que Adolfo conociera mi trabajo, que se implicara en las funciones de mi área, pero no lo conseguí. Una vez que fue nombrado, hablé con él de mis resultados no más de cinco o seis veces. Su rara habilidad para desviar las conversaciones, me llevaba siempre a un callejón sin salida. Después de hablarle durante menos de tres minutos, aprovechaba cualquier palabra de mi perorata profesional para empezar a contarme alguna anécdota personal que terminaba ocupando una larga media hora. Sin dejarme continuar, una llamada de teléfono o de su secretaria, o simplemente un "si casi me olvido de...", me invitaba a salir del despacho, acompañándome hasta la puerta y gritando en el umbral:

—¡Pero que muy buen trabajo, amigo Trevijano! Seguí, seguí con esos informes y esos indicadores que son de mucha importancia para la empresa. No te olvidés de incluir lo que te dije, que me parece relevante, no te olvidés...

Me enfadé en las dos primeras ocasiones en que ocurrió algo parecido. Se lo conté a un compañero español:

—Alberto, sabes hacer el trabajo tú solo y no vas a conseguir que tu jefe aprenda de lo que ni quiere ni puede entender. Disfruta del trabajo delegado y haz tuyos tus logros.

Después del fiasco de Michel, me resistía a que me pasara lo mismo con Adolfo... pero pude convencerme en pocos meses de que nada podía hacer para involucrar en mis tareas a alguien que no había *laburado* nunca. Fui aprendiendo a disfrutar del trabajo bien hecho por el mero hecho de hacerlo bien. Y al principio iba un poco perdido, necesitaba el reconocimiento externo, ya fuera para demostrarme que seguía manteniendo la vitalidad profesional, o para demostrar a otros que podría ocupar puestos de más responsabilidad. Dado por supuesto lo primero en un ejercicio de autoestima y aplazado lo segundo hasta la llegada de tiempos mejores, apliqué el *relájate y disfruta*.

Desde ese estado, fui capaz de observar mejor los comportamientos de Adolfo, al cual ya no veía como jefe, sino como un absceso de pus dentro de un despacho que se había pegado a la piel del edificio.

Aunque a pesar de esa visceralidad que se aprecia en el párrafo anterior, la mayoría de sus acciones provocaban más sonrisa que cólera.

De vez en cuando, nos convocaba a su despacho de una forma intempestiva, sin motivo indicado, sin orden del día, sin orden ni concierto... A las dos primeras, al estar aún sumergido en ese proceso de ira, no acudí. Después de la segunda ocasión, ya me atreví a preguntar por lo que había ocurrido dentro de ese despacho sin mi presencia y con todo el departamento dentro:

—¡Bah!, que se leyó un libro.

—Filosofía barata, pura imaginación.

—No te perdiste nada, che... una masturbación intelectual de Adolfito.

—En busca del tiempo perdido, de Marcel Proust, dieciséis volúmenes nada menos.

Transcribo algunos de los comentarios recibidos de mis compañeros como respuesta a la pregunta "¿qué tal ayer con el gerente?".

Al cabo de unos tres meses, Adolfo volvió a convocarnos. Eran las once de la mañana y su secretaria nos pidió ir a su despacho para las seis de la tarde. Mi estado de ánimo, más calmado, ya permitía aceptar la inmersión en el habitáculo de aquella persona que empezaba a interesarme como prototipo de una raza no demasiado minoritaria.

Sondeé a la gente del departamento y pareció haber quórum para la asistencia, así que después de unos minutos de reflexión en la comida me dije que accedería al mundo de Adolfo Riva.

Dieron las seis. Intentaba siempre ser puntual, a pesar de que nunca encontré presentes a la hora acordada a más de uno o dos de los convocados a ninguna reunión en la hora acordada. El despacho estaba silencioso, en penumbra. La secretaria se había marchado, así que tuve el acceso libre.

Tapando la ventana, aparecía una pantalla de pie. Sobre la mesa, proyector de transparencias, un proyector de imágenes conectado a un video y unos cuantos bloques de folios grapados como un dossier para entregar a los asistentes. En la portada se leía "La tercera ola". Ocho sillas aparecían dispuestas a modo de salón de cine.

Llegó Adolfo acompañado de tres miembros de la gerencia. Conmigo éramos cinco, así que:

—Buenas tardes, Alberto, me alegro que estés presente —me saludó mi jefe—. Como ya sobrepasamos la mitad de convocados, ¡dale, Martín!, que podemos comenzar.

Primero: transparencias... con esquemas, interrogantes, muchos interrogantes, figuritas a modo de personas, colores fuertes para identificar flujos, inflexiones de voz al pronunciar la palabra *conocimiento* y, sobre todo, tercera ola, tercera ola, tercera ola, Alvin Toffler, Alvin Toffler, Alvin Toffler.

Segundo: película... un video alquilado por 500 dólares (vi la imputación) donde se hacía un repaso de lo que fue la primera y la segunda ola, para ir a parar a los nuevos paradigmas de la tercera ola, con el aumento de lo intangible, el conocimiento y el sector servicios...

Tercero, debate. Con las luces encendidas, ya oscuro a través de la ventana, más allá de las siete, nuestra hora habitual de salida, Adolfo se interesó por nuestras opiniones. A mitad de su perorata habían llegado dos amiguetes suyos de la AMIS. Hicieron sesudas preguntas, vincularon el tema con la gestión de los recursos humanos y se elevaron hasta hacer tambalear las estructuras de la sociedad futura. Animaron a Adolfo a seguir investigando por esa vía y a tenerlos informados para iniciar si era necesario la tercera revolución a consecuencia de la tercera ola, que ellos eran admiradores del Ché Guevara, que para eso era argentino y se sabían todas las biografías de los padres de la patria.

¡¡Horror!!

Nuestro amado gerente, por tercera vez en poco tiempo, se erigía en adalid de la aplicación operativa de las nuevas tendencias sociales. Hablaba y hablaba de la necesidad del cambio, transformación, evolución o revolución... lo que fuera necesario para el progreso.

—¡Pobre hombre! —me comentó Marcelo—. Es tan ignorante que se lee un libro y ya se cree que es la mejor opinión, ideología o filosofía jamás planteada. Ni Furuyama, ni Touraine, ni Toffler... que son los autores de su supuesta mesita de noche, son intocables, pero para él cada uno complementa al anterior porque los ha leído en ese orden. Se nota que tiene poco que hacer, ¿cierto?

Probablemente, casi todo el mundo podría interpretar que deseaba mostrar su sapiencia en temas trascendentes, con un resultado desastroso porque aún dejaba entrever más nítidamente sus carencias formativas. La ignorancia de los tontos.

En 'casi todo el mundo' no deben entrar determinados políticos porque desde hace unas semanas, Adolfo Riva, con el Partido Justicialista (peronista), que gobierna en la provincia de Buenos Aires, es el Secretario de Acción Social.

SÉPTIMO JEFE: el entusiasta

Un buen día, el Benemérito me convocó a su despacho de las altas cumbres. Habían llegado instrucciones de Madrid para rebajar el número de expatriados, comenzando por los de mayor tiempo en esta situación:
—Entonces, tú te irás el primero, ¿no? —le lancé a la yugular.
Carraspeó, escondió la mirada, buscó un papel...
—No, no, las órdenes no se refieren a la alta dirección. Se trata de aplicarla a los directivos medios, los gerentes y subgerentes.
Ya acudí a esa entrevista conociendo de antemano lo que iba a escuchar. La rumorología vuela, incluso con el océano de por medio, así que llevaba preparada esa pregunta. No me importaba la respuesta sino tocarle un poco las narices.
—¿Tengo puesto asignado al desembarco?
—No tengo noticias sobre eso. Tendrás que hablar con Recursos Humanos de Madrid.
En Recursos Humanos de Madrid ni siquiera habían oído hablar de mí. Existe cierta justificación. La empresa llevaba varios años embarcada en un proceso de fusiones, absorciones, infusiones y consolidaciones, por lo que el ámbito corporativo, antes de preocuparse por quienes andábamos de aventura, estaban construyendo lo que empezaba a ser un gran grupo empresarial.
Les caí como una enfermedad venérea. Dado que los antibióticos son muy eficaces para combatirla si se apli-

can rápidamente, a los dos días de pedir destino me lo dieron. Era la primera vez que los de Personal me contestaban con esa celeridad. Discutí poco las condiciones porque me parecieron adecuadas... aunque no tenían ni idea de lo que podía significar una repatriación. No me trataron ni bien ni mal y ése fue el problema, que no me trataron. Sufrí el impacto psicológico del retornado, lo sufrí solo, sin saber muy bien qué era y a qué se debía esa desazón incierta que me dominaba, o esos instantes de rebeldía, o esa sensación de no ser de ningún sitio...

Pero me he propuesto hablar de mis jefes, por lo cual intentaré centrarme en la persona a cuyo equipo me asignaron.

Rodrigo Cenis, su nombre. La Moraleja (Madrid), su residencia. Director General, su rango jerárquico... aunque de empresa menor según la clasificación que ordenaba el grupo. Es decir, me mandaban a una esquina del grupo empresarial, división staff, con tareas de apoyo a una Dirección General de corto rango.

Atrás quedaba la experiencia que traía de gestión en empresa emergente, de vivencias en la diversidad, de incremento competencial (tal como uno de Recursos Humanos lo calificó)... para no tenerla que aplicar ni en una cuarta parte dentro del rol asignado. Tardé en asumirlo, pero debo agradecer a Rodrigo el apoyo que me prestó.

Ingeniero técnico, economista y psicólogo... así rezaba el currículum de mi nuevo jefe. Probablemente, por esta última faceta supo entender mi estado (que ni yo mismo entendía) y, sin nombrarlo en ningún momento, actuó para lograr que mi adaptación fuera lo más rápida y efectiva posible.

Años más tarde, en el umbral de su jubilación, cuando le agradecí aquel trato inicial, me contestó con la boca pequeña:

—Amigo Alberto. No había nada de interés personal en el tratamiento que te di. Si tú estabas bien, yo estaba bien, fue cuestión de supervivencia. Cuanto más hubieras tardado en recuperarte, más retraso en el crecimiento de tus aportes a la empresa, lo cual no dejaba de ser mi responsabilidad.

Rodrigo provenía del área técnica, para la que se habilitó con su primera titulación, unos estudios que realizó por inercia, sin tener muy claro todavía cuál era su vocación. Comenzó trabajando como adjunto al responsable de una cadena de producción, ya en la empresa matriz que generó el grupo al cual pertenecíamos. Conocido su perfil, no entiendo cómo pudo soportar aquellos años metido de lleno entre números y máquinas. Se lo pregunté en reiteradas ocasiones... y siempre sonrió como respuesta. Quizá su evasión consistió en matricularse en la UNED para cursar la segunda carrera, que eligió en lugar del grado superior de ingeniería porque deseaba cambiar, no adivinaba bien la dirección del giro, y que escogió por afinidad con los números de su especialidad inicial. Comenzó a darse cuenta que lo suyo no iba por lo concreto, ni por fórmulas o ecuaciones, sino por las relaciones humanas, lo social, lo personal. Puesto que se casó tardíamente con una psicoanalista, pudo certificar con ella esa orientación y se animó, con casi cuarenta años, a cursar su tercera carrera: Psicología.

Cuando yo lo conocí, andaba por los cincuenta y ocho años, con el pelo cano, y conservaba una buena planta (medía más de uno ochenta). Llevaba gafas con montura al aire que confirmaban su aire intelectual cuando intercambiabas unas frases con él. No obstante, no era muy habitual encontrarle filosofando en su despacho porque casi era hiperactivo y su discurso era más bien *directo y ajustado a la acción*, según bien definía con sus palabras.

Después de aquella 'adjuntía', ocupó el puesto de control de producción en la misma planta. Allí comprobó que el orden y mando imperante en el estilo servía poco para aumentar lo producido... y si aumentaba, descendía la calidad. Su siguiente ocupación fue responsable de cadena durante algo más de diez años. Tuvo a su cargo más de sesenta personas que trabajaban a turnos rotativos veinticuatro horas al día durante todos los días del año. En principio, se aplicó en favorecer las disposiciones ergonómicas para que las personas trabajaran más cómodas y más seguras. Consiguió determinadas mejoras, pero se estancaron e incluso retrocedieron cuando llevaban aplicadas más de dos años. Así que se dispuso a encontrar la causa... y dice que aún la está buscando. Pero consiguió la mejora sin modificar las normas ni los procesos. Metodología: aumentar su presencia por la fábrica, hablar y hablar con los jefes de turno intentando conocerlos mejor, estimular la aparición de nuevas ideas. Quizá la causa de disminuir la producción fue la ausencia de estas acciones. *Quizá*, también me dijo él, *pero nada importa si la dicha es buena*.

Aprendió a ser 'responsable'. Aprendió *a gestionar personas* que, según él, equivale a influir en las voluntades, en las emociones, en la motivación... antes que en las normas, procedimientos y procesos.

Le debió ir bien porque recibió el nombramiento de director de la planta de producción, con más de cuatrocientas personas a su cargo (aunque a Rodrigo nunca la gustó esta expresión: *no están a mi cargo, están conmigo, o mejor, estamos juntos*).

Y con ese puesto en diferentes factorías, saltó el país tres veces desde Almería a Galicia, y desde allí a Cádiz. Cuando lo conocí, ambos recalábamos por primera vez en la capital. En ese aspecto, le sacaba algo de ventaja, porque el Gran Buenos Aires es casi tres veces más grande (en número de habitantes) que la Comunidad de Madrid.

Nos encontramos los dos en una empresa casi fantasma, porque no tenía personas, el anterior propietario se había quedado con la plantilla, así que nosotros tuvimos que empezar solos. No era un trabajo complicado, se trataba de controlar participaciones en pequeñas empresas afines con nuestro negocio. Teníamos tres funciones: revisar información financiera, acudir a los Consejos de Administración y presentar los resultados a nuestro accionista principal. Me debería haber tocado exclusivamente la segunda... pero ya le contaré.

Rodrigo y yo nos encontramos por primera vez en la oficina. Nadie nos había dicho que comenzábamos el mismo día, tampoco nadie nos había presentado, éramos sabedores de la existencia del otro por sendos mails que nos habían enviado desde la división de diversificación de la empresa matriz.

Uno de los impactos de la repatriación consistió en la sensación de que la empresa te ha tirado cerca de una escombrera en lugar de colocarte en uno de los pedestales más altos de la vitrina de los laureados. Mientras que en Buenos Aires me trataban como si fuera "alguien", en mi lugar de origen ni me trataban. Y no hay peor trato que la ignorancia.

Vuelvo a mi jefe de inmediato, pero quiero aclarar que el anterior párrafo era necesario para entender varios de los *tratamientos* que Rodrigo me aplicó.

Llegué a la oficina, que ocupaba media planta de un edificio situado en las afueras de Madrid, en Alcobendas... Media planta que contenía un despacho inmenso, con recepción amueblada con sofás de cuero, y una mesa, al parecer para ocupar a una secretaria. El baño estaba entre las dos medias plantas, enfrente de la salida del ascensor. Casi me desplomo en la desilusión... ¿Debería ocupar ese sitio de "secretaria"? Me hundía la pérdida y caída del status...

—¿Hay alguien ahí? —escuché una voz desde el fondo del despacho inmenso.

—Hola —contesté. Buenos días.

Rodrigo salió a recibirme. Se presentó.

—Así que tú eres Alberto Trevijano. Me han hablado mucho de ti en la Dirección de Control.

A los años reconoció que me regaló una mentira piadosa.

—Estoy encantado de conocerte y de que vayamos a trabajar juntos. Hay mucho que hacer por aquí y es una tarea apasionante y divertida. Pero... no me ha gustado nada esta oficina que nos han dado. Vamos a tomar un café al bar de abajo, y luego saldremos a visitar a unas personas que quiero que conozcas. He dado órdenes para que hoy hagan unas modificaciones en nuestro cubículo. ¡Ah! Y me he tomado la libertad de encargarte tarjetas. Llegarán en unos días.

Nuestra primera conversación se bordó en el bastidor de una barra de bar, en torno a dos cafés con leche. Rodrigo habló muy poco en casi todo el día. Sólo me preguntaba y yo le respondía. Su forma de tratarme le facilitó la mejor información posible de mí, me deslizaba hacia la sinceridad con su entusiasmo y sus ganas de saber como forma de interés personal sobre mi historia, mis opiniones y mis deseos.

La reforma de la oficina se terminó en tres días, no al día siguiente tal como su afán predijo. Quizá ese retraso le pudo servir para cambiar sus órdenes iniciales. Quizá. La cuestión es que la media planta contenía dos despachos, casi de dimensiones similares... y en uno el cartel rezaba: Dirección General... pero en el otro, o sea el destinado a mi uso: Dirección Financiera... La mesa de la secretaria quedó entre las dos puertas de entrada y fue ocupada un año más tarde, cuando pudimos justificar con nuestros resultados que nos haría bien un apoyo administrativo. Rodrigo quiso que nos diera el apoyo a los dos.

—Alberto, dile siempre a nuestros socios que María es tu secretaria.

A las pocas semanas de llenar aquellos dos despachos...

—Hoy te vas a venir conmigo y no vas a tocar ningún papel ni contestar ningún requerimiento ni analizar ningún balance. Vamos a conocer gente, charlarás con ellos, debatirás sobre cosas de empresa, cosas de fútbol, cosas del mundo y cosas de casa, sobre los ángeles y los demonios, sobre la carne y el pescado, sobre sexo y religión, sobre el cava y el champán, sobre el Rioja y el Burdeos... Así serás capaz de empezar a entender que no te hace falta saberte de memoria el Código de Comercio ni la Ley de Sociedades Anónimas... así sabrás cómo se comporta una persona de ese ambiente, que es más importante que el artículo en el que estás atascado tratando de encontrar su relación con la Ley de Medio Ambiente... ¿Me explico?

Se explicaba, sí, aunque mi espesura mental no llegaba a comprender todavía la profundidad de lo que quería decirme.

Rodrigo comenzó su labor de recuperación en aquel momento, a los tres meses de mi puesta en marcha en Madrid, y saltó de un remedio a otro según observaba mi evolución en los ocho años que pasamos juntos.

Aquel día me llevó a una reunión en la Cámara de Comercio, me presentó a las personas que me había prometido y algunas más que se encontraban allí para escuchar una charla de Valdano sobre la visión o algo así. Su acento argentino me despertó la nostalgia y al intercambiar con él unas frases, comenzó a crecer mi autoestima, regresando a ciertas sensaciones que sentí como Subgerente de Control. No sé si lo había previsto de antemano Rodrigo, pero cuando se lo conté, bastante tiempo después, sólo sonrió.

Ya de aquel evento surgió una nueva asignación de responsabilidades para mi puesto. Rodrigo me dio a entender que eran órdenes de la Central, que no era pensamiento suyo, pero no le creí. Una vez presentado en sociedad, comencé a acompañarle en las reuniones de los Consejos, dejé de especializarme en Derecho Mercantil y apliqué sus enseñanzas sobre impactos emocionales en las negociaciones.

Poco a poco, me fue dejando solo en determinadas reuniones, con progreso en relevancia y observando que las repercusiones fueran *in crescendo*. Me propuso como Presidente en tres sociedades en las cuales nuestra empresa matriz se convirtió en mayoritaria y encargó personalmente las tarjetas en las que ordenó colocar en negrita el cargo.

El señor Cenis consiguió recuperar en mí lo que yo mismo había apagado con el *duelo* de la repatriación. Probablemente, habría actuado igual sin ser su colaborador un regresado de la Argentina, pero sirvió como la mejor terapia para regenerar la valía de una persona mediante la recuperación de su autoestima. Según dijo él, se trataba de que la empresa consiguiera mejores resultados... pero los medios aplicados consiguieron un valor añadido que tiene mucho más mérito que el resultado económico (por cierto, lo multiplicamos por cuatro).

OCTAVO JEFE: El experto

Qué pronto pasa lo bueno. Y nada menos que ocho años disfrutados con Rodrigo.

Me pasó una cosa curiosa. En todo ese tiempo, a pesar del bajón que sentí en mi estima por la "empresa", no tuve ganas, ni remotas, de buscar una promoción. Al principio, supongo, porque estaba ocupado en aprender el nuevo oficio; después, porque verdaderamente me lo llegué a pasar bien trabajando, con ganas de levantarme para ir a la oficina, saludar a María, a Rodrigo, sacar papeles... ¿Será que el buen trato anula las ansias de medrar? No, no creo, pero la atención se desvía a otras cosas, se mejora el compromiso porque, en realidad, la "empresa" no deja de tener la cara de tu jefe, y si el jefe es bueno, la "empresa" es buena y te ocupas en lo que tienes que ocuparte: conseguir resultados. Todo lo contrario que con el gran Delettre, o el ínclito Riva, con quienes se cumplía ese axioma que dice: "como estoy muy fastidiado, al menos que me paguen más, así que a ver si me ascienden...". También habría otra razón, quizá más consistente: mi jefe tenía autoridad profesional, es decir, se había ganado por mérito su puesto, así que no me sentía justificado para poder aspirar a él. Ni incluso cuando se fue...

¿O sí?

Transcurrieron unas tres semanas hasta que supe quién iba a ser mi nuevo jefe, y casi un mes después hasta que se incorporó al despacho.

En esos veintiún días, aún albergué la remota esperanza de que la Dirección General cayera en mis manos. Oh, no. Creo que me faltó hacer un buen "lobby" interno, saberme vender hacia dentro de la misma manera que hacia fuera, donde me convertía poco a poco en un buen 'relaciones institucionales'. Siempre creemos que somos nosotros los más indicados para cubrir la vacante que deseamos, en ocasiones es verdad, pero rara es la vez en que quien la recibe es agasajado por sus compañeros. Nuestro pecado capital es la envidia, y la ejercemos, ya lo creo que la ejercemos, nuestro diploma dice sobresaliente cum laude en envidia. Un sonrisita por allá, un tímido apretón de manos, a veces hasta un hipócrita abrazo y susurrante "¡enhorabuena, Mariano!", para ir pensando mientras tanto: "Anda, pasmarote, que ya la has sabido jugar bien. ¿Quién te ha enchufado? Menudo sueldo que te espera, mamón, y yo pudriéndome desde abajo".

La verdad, la verdad... no fue mi caso cuando llegó Gumersindo Altamiranda al despacho contiguo. Es como si la cincuentena me hubiera apaciguado la ambición profesional y pretendiera solamente disfrutar de lo que poseía antes que sufrir por lo que deseara. Había bajado el nivel de mis expectativas al estado vigente de mi nivel profesional, por lo cual conseguía un nirvana magnético, atrapante. No, no iba a perderlo por la llegada de alguien merecedor o no del cargo a ocupar. Dicen que la autoestima se recupera en el momento en que igualas tus expectativas a tus realidades, de tal manera que no te sientes de menos respecto a lo que eres, y no te cansas en subir la roca por la montaña para que luego vuelva a caer a la más mínima inestabilidad del terreno.

Gumersindo Altamiranda ocupó su despacho como director general un primero de julio con muchísimo calor.

Antes, me llamaron a la planta catorce del edificio de la central, ubicación de la Dirección de Estrategia y Desarrollo Corporativo, desde donde se controlaban las filiales como a la que yo pertenecía. Resultó frustrante que el directivo que me recibió metiera la pata tan profundamente:

—Pero, por favor, pase, pase a mi despacho, Rodrigo.

Se dirigía a mí.

—No, yo soy...

—Nada, nada, Rodrigo, que estamos encantados con tus resultados. ¡Qué gestión tan impecable has llevado en Taravirco y Hnos.!

Taravirco y Hnos. no formaba parte de las empresas que Rodrigo y yo habíamos gestionado.

—Perdón, Enrique —se llamaba Enrique, seguro, porque me había preocupado de enterarme quién era este amable señor de la central antes de salir hacia la cita—. Soy Alberto Trevijano, no Rodrigo Cenis. Y Taravirco y Hnos. pertenece a otra línea de negocio.

Enrique Catanzzaro se tiró para atrás en su sillón, me miró desconfiado, movió sus papeles.

—Y bien, Rodrigo. Es un placer conocerte.

Parecía que las frases anteriores no se habían pronunciado. Cambió su carpeta... así que deduzco que se había equivocado al revisar la documentación previa a la convocatoria. Pude haberme sentido mal, pero no...

El director de Financieras Participadas me informó del nombramiento de Gumersindo Altamiranda como nuevo director general de la empresa que pasaba a denominarse Gestión Financiera e Inmobiliaria, S.A.U., donde yo ejercería como director de Finanzas y Control.

—...y espero que con tan buen resultado como hasta ahora.

Le solté la sonrisa más hipócrita que he dibujado en mi vida... para rimar con la suya mientras me acompañaba a la puerta.

—Está previsto que Gumersindo se incorpore el día primero de julio a su nuevo cargo, aunque conociéndolo, con toda seguridad se personará cualquier día de éstos en sus dependencias para saludar al equipo a su cargo.

Estuve a punto de preguntarle: "¿Pero de verdad lo conoce bien?".

Según me contó Lourdes García, de Recursos Humanos, excompañera mía en los mundos argentinos, Gumersindo Altamiranda Romance tenía mi edad, los títulos de Derecho, Económicas y Políticas, con doctorado en algo raro, Máster en Asesoría Jurídica por una reconocida escuela de negocios, soltero, proveniente de la empresa matriz de toda la vida, abogado colegiado por si acaso, y muy buen conocedor de todos los intríngulis del grupo empresarial. Ah, muy reconocido entre colegas por sus conocimientos de Derecho de la empresa.

Alto, feo, católico y sentimental como el Marqués de Bradomín, propiedad intelectual de Valle Inclán, aunque sin tanto arte para seducir señoras. Ay, Gumersindo, siempre vestido de trajes marrones, camisa blanca, gafas de grueso cristal, pelo revuelto, quizá *afro* en sus tiempos juveniles, manos muy pequeñas, nariz aguileña, arrugas profundas en el cuello y en la frente, una cicatriz bajo el mentón y unos labios delgadísimos dentro del rostro enjuto, quizá remedo de un maestro de escuela rural. A veces portaba pajarita.

El 14 de junio, miércoles, Gumersindo se personó en sus dependencias. Recuerdo el día de la semana porque hacía tiempo que dedicaba ese día central de la semana a organizar papeles, leer legislación, hacer llamadas... Un día puro de trabajo en mesa, nada de salir a reuniones ni visitas, un relax para no tener que llevarme esas tareas a casa. Hoy dirían "cuestión de conciliar".

Saludó a María con cierta prepotencia y se presentó como el nuevo director general, sin siquiera sonreír. Lo escuchaba desde mi despacho.

—¿Está el señor Trevijano?

Pasó sin llamar.

—Soy Altamiranda. Supongo que ya sabe quién —. Y me extendió la mano, casi como si tuviera que besársela.

—Y usted ya sabe que soy Trevijano —le estreché su mano.

Se dio media vuelta y se fue a su despacho.

A los pocos minutos, oí:

—María, dígale a Trevijano que se persone en mi despacho.

María entró en mi despacho, pero por gestos le dije que no hacía falta la transmisión del "ruego" y mantuvimos una conversación de mimo que nos hizo reír un buen rato.

Se mantuvo en su silla alta y me ofreció de mala gana la del confidente. Me habló de su currícula, muy brilante, y de su experiencia, muy amplia.

—Espero que seamos una buena sociedad.

Eran palabras que me indicaban la puerta con todo el descaro del mundo.

Salí.

Desde mi despacho, aún alucinando, escuché que se despedía de la secretaria indicándole que para el primero de mes esperaba tener su despacho limpio como una patena. Ni siquiera se dignó lanzarme un adiós desde el recibidor.

Gumersindo volvió impecable el día 1º de julio, quizá más sonriente y con un maletín de piel que parecía no pesar nada. Repitió gestos muy parecidos a los de aquel miércoles y siguió haciéndolos igual cada mañana: entrada en silencio, parada frente a la mesa de María, "María, dígale a Trevijano que venga a mi despacho", retirada de correspondencia, sentarse en la silla alta, saludarme sin mirar mientras abría los sobres, preguntarme sin escuchar por las novedades del día anterior y por la programación del día actual, comentarios breves y gesto de despedida hasta su próxima llamada, siempre a través de María.

Sudé de lo lindo para adaptarme a mi nuevo jefe. Tragué enseguida con la pérdida de estatus, que se encargó de proporcionármela a traición y demasiado pronto: le pidió a María que anulara el desvío de mis llamadas y que en ningún momento se considerara mi secretaria. A ella le costó un dolor decírmelo. Lo hizo casi llorando. El segundo acto para mi bajada de estatus se dirigió a mi cargo en las empresas. En esto tardó un poquito, porque primero se preocupó de que yo le presentara a los miembros de los Consejos. En esas Juntas le noté bastante tenso, el rostro se le volvía grana en algún momento y no hacía más que remover sus papeles mientras los demás hablaban. Al principio, me dejaba hablar a mí, sobre todo la primera vez que él asistía; en la segunda, me indicó que comunicara a la sala que él tomaba el cargo de Presidente (en aquellas sociedades en las que yo lo era), y que el mío pasaba a ser el de Vicepresidente, salvo si este cargo lo teníamos pactado con el segundo accionista. En cuanto volvíamos de la reunión al despacho, Gumersindo, que transitaba muy callado todo el trayecto, se encerraba sumergido entre papeles y ni siquiera saludaba o despedía a la secretaria.

Enseguida aprendió el contenido de los estatutos, supo cómo preparar las Juntas, salvando los problemas con una habilidad pasmosa para hilar normas mercantiles con las civiles o, incluso, penales. Ordenaba con pasmosa facilidad los temas a tratar, con un talento más allá de lo habitual en una persona que llevaba tan poco tiempo en el asunto. Me discutía infinidad de aspectos con un puntillismo exagerado, analizando los artículos palabra a palabra, coma a coma... en realidad, era un experto de altísimo nivel, no sólo en lo jurídico, sino también en el análisis financiero y económico. Supo cómo aprovechar mis conocimientos y en no más de dos meses, habría sido capaz de desenvolverse solo en lo que a mí me costó más de dos años. Pero no lo hizo. Siempre fuimos juntos a cada reunión de Consejo, a cada Junta, porque decía que nosotros debíamos ser la mejor sociedad... nada menos que "como don Quijote y Sancho, o como don Juan y Catalinón".

Me sentí agobiado, muy agobiado, el cambio fue brutal, pero la vida te enseña a saber esperar tanto lo bueno como lo malo en una actitud de prudencia. Tuve que respirar profundamente algunas veces para no dejar salir mi enfado, quizá más al principio ante alguna sucinta humillación.

La última reunión societaria a la que asistió se desarrolló con mucha tensión. Uno de los socios, el tercero en poder, había hecho movimientos externos para ir haciéndose con más participaciones en la sociedad sin avisarlo previamente. Éramos mayoritarios, pero no superábamos el cincuenta por cien. El día anterior, Gumersindo había llegado muy azorado al despacho, después de visitar a algún gran director de la casa matriz. Por lo que deduje de su preparativo para esa última reunión, no debíamos permitir el acceso del tercer socio a órganos de control, lo que podría producirse si algún minoritario le cedía su voto, o si le había vendido sus acciones como habíamos olfateado. Extrañamente, mi jefe se aflojó la corbata y se desabrochó la camisa, mientras iba hablando en voz alta delante de mí, como si preparara su discurso para el día siguiente. Dormí mal aquella noche.

Cuando llegué por la mañana, María me miró asustada y me hizo gestos hacia la puerta de entrada al despacho de Gumersindo. Había luz y escuché mover papeles.

—¿Puedo pasar?

Tardó unos segundos en contestar. Cuando ya iba a abrir la puerta por...

—Pasa, Alberto, pasa.

Me encontré a mi jefe con la cara descompuesta, sin afeitar y con la misma ropa del día anterior. ¡Había pasado allí toda la noche! Miré alrededor y encontré la mesa de reuniones llena de papeles, los tomos de leyes desordenados, dos armarios abiertos...

—¿Estás bien?

—Por supuesto.

—Ya es hora de que salgamos. Hoy será un Consejo muy difícil.

—Gumersindo, ¿quieres que lo dejemos para otro día? María puede avisar y decir...

Fue tajante en su contestación. Íbamos a ir por encima de cualquier obstáculo, y lo dijo en un tono que parecía que alguien estaba intentando impedirlo con alguna amenaza.

—¿Hay algo que yo no sepa, Gumersindo?

—Parece mentira —contestó, ofendido— que estés tan tranquilo ante lo que nos jugamos hoy.

Que yo supiera, no nos jugábamos nada grave, porque, aunque perdiéramos el control de esa sociedad, habíamos preparado unas compras en la competencia que nos mantendría la participación dentro de varias empresas con la misma cuota de mercado. Teniendo en cuenta sus últimos resultados, estaríamos manteniendo los beneficios globales al mismo nivel que cuando se jubiló Rodrigo. Ni más ni menos.

Se llenó la cartera de papeles, atusó su pelo rizado, calzó la corbata en el cuello de su camisa, y salió disparado gritando ¡taxi! aún en el penúltimo escalón del zaguán. Durante el viaje, el rostro se le desconfiguraba, y pronunciaba algunas frases inconexas, que parecían ser parte del discurso que pensaba ofrecer desde la silla de Presidente.

Al entrar en la sala, se le cayó la cartera. Estábamos solos, habíamos llegado con quince minutos de adelanto. Se agachó y rodó por el parqué. Le ayudé a levantarse, pero me quitó las manos de encima.

Fueron llegando los consejeros.

Cuando llegaba el socio contestatario, volvió a caer al suelo.

A los dos meses, como consecuencia de ese infarto fulminante, falleció.

ÚLTIMO JEFE: El inexperto

Hace tres meses que abrí el paréntesis en mi trayectoria profesional. Desde entonces, vivo cómodo. Aún es pronto para saber si lo cerraré o no, porque aún me están pareciendo unas vacaciones largas. Estoy pasando el otoño en Lanzarote.

En julio, la empresa planteó unas excelentes condiciones de salida. Se había producido otra fusión y sobrábamos unos cuantos cientos de personas, sobre todo de funciones staff, tal como estaba considerada la mía. Dejé pasar agosto, que me lo tomé de vacaciones completo, como no hacía desde varios años atrás, y el 5 de septiembre me puse a negociar con la gente de Relaciones Laborales. El día 6 me llegó una notificación notarial, donde me requerían personarme en unas oficinas del Paseo Independencia, de Zaragoza, para informarme de un asunto de mi interés. Allí que me fui el viernes... y el señor notario me informó que el albacea testamentario de Luis Menéndez Cajal, el hermano mayor de mi madre, se había puesto en contacto con él para que me buscara y me hiciera partícipe de la decisión de don Luis, por la cual pasaba a ser heredero universal de una cantidad que no voy a indicar aquí por rubor. Estaba citada en dólares y aclaraba en qué cuenta estaba depositada, proveniente de la venta de todo el patrimonio de mi tío por el albacea antes de ponerse en contacto conmigo, según le exigía el testamento.

Por lo tanto, volví a Madrid con un apretado nudo en el estómago, pero con la tranquilidad de que a cualquier propuesta de la empresa iba a decir que sí. Mantuve un prudente silencio, por supuesto, y nadie supo de mi condición de heredero universal del tío Luis. Creo que no procede abundar más en el asunto, pero me hacía ilusión contarlo.

Murió Gumersindo sin recuperar la consciencia en los sesenta y dos días que transcurrieron desde el infarto hasta su fallecimiento. Pasé un mal trago porque durante más de dos semanas anduve analizándome para explorar alguna posible responsabilidad mía en lo acontecido. Estaba triste, como por la muerte de cualquier compañero, aunque apenas habíamos convivido fuera de legislaciones, normativas, balances, consejos de administración y juntas de accionistas, nada que tuviera que ver con lo personal, en el otro extremo de mi relación con Rodrigo, con quien de vez en cuando, siempre que esté cerca, pues se ha hecho un viajero (que no turista) impenitente, nos juntamos a comer y charlamos de todo menos de la empresa.

En mis visitas al hospital, pude ir enterándome de algunos aspectos de la vida de Gumersindo, un hombre soltero, solitario, austero, encerrado en su chalet de Mirasierra, donde vivía con su ama de llaves y otra empleada doméstica, miembro de dos asociaciones profesionales, con las cuales sólo mantenía contacto directo una vez al año en la cena de fraternidad, y nutrido de una grandísima biblioteca, con volúmenes de gran literatura universal y de escritos profesionales, tanto libros como revistas especializadas. Sólo supe de su familia por una prima suya, lejana, sobre todo en el trato, pues me comentó que no se habían visto en más de diez años.

Cuando confesé a Rodrigo esos raros pensamientos de culpa que me asaltaban con fuerza, me dijo:

—No hacen falta culpables, ni siquiera tú, Alberto. Gumersindo empezó a suicidarse cuando no pudo superar la muerte de sus padres. Se refugió en los libros y en el trabajo. Odiaba cualquier contacto personal y su inteligencia le daba de sobras para entender que podía pasarle esto. Tenía muchas posibilidades de sobrevivir después del infarto... pero no quiso despertar.

Me pareció una perorata pseudopsicológica, con la que no estaba de acuerdo, pero a Alberto le gustaban estas interpretaciones.

Tardaron poco en cubrir su vacante. En realidad, un mes a fecha del fallecimiento, aunque creo que a la semana siguiente del infarto, ya pensaron en sustituirlo, falleciera o no. Y también creo que en ningún momento pensaron en mí. Yo tampoco en ellos. Haber trabajado con este último jefe me había sacado de la empresa, tenía mi mente unas cuantas horas a su disposición, pero el corazón latía en otros menesteres, ninguno en particular ni en competencia con el negocio, podría ser una película, un libro, un viaje, cualquier "pájaro" que pasara por ahí. Como Gumersindo era tan cabal, me uní a su cumplimiento del deber ciñéndome al horario establecido, incluso le protesté por algunas prolongaciones de jornada, "innecesarias a mi parecer".

Y deseando mantener esa situación de tranquilidad profesional, choqué contra Manuel González de Tafalla.

Mi jefe, por supuesto: un chico que en mi tiempo habríamos llamado "de los pijos", sin aún cumplir los treinta, engominado hasta la nuca y aledaños, con puntitos blancos en la americana (bien podría ser caspa), trajes de corte Boss, Hugo Boss, Burberry o Zegna,

Hermenegildo, cuyo único valor era el sonido de la marca... Se enfadó mucho el día que le dije que si quería la mejor imagen de ejecutivo debía hacerse los trajes y camisas a medida.

Llegó un buen día de Palo Alto, California, con un diploma de postgrado bajo el brazo que debía valer y costar un potosí. Así ingresaba a la empresa dentro de un programa de Jóvenes Profesionales, sin haber tenido aún ninguna profesión, aunque sí, era joven, 25, licenciado en Empresariales y Derecho por la Universidad Pontifica de Comillas a los 22, luego un año sabático conociendo el mundo, después a la Universidad de Stanford, para el cursito de Alta Dirección, y a trabajar a los 25, tras un viajecito por el Polo Norte, pasando por Canadá, los grandes lagos, Groenlandia, Islandia, Dinamarca, Alemania, Francia y un ratito en la Costa Brava, como recompensa que pagaba su padre, empresario de segunda generación, rico hasta la médula.

Todo lo sé porque él me lo contó, lo juro.

Parece ser que su padre quiso que trabajara los veranos en alguna de las empresas familiares, pero Manuel me contaba que supo evitarlo pidiéndole cursos de inglés en el extranjero, por intercambio, y así era un mes allí con su anfitrión, y otro mes aquí atendiendo al invitado... Y lo contaba riéndose, el cabronazo. Poco esfuerzo le había costado lo que tenía en la vida... y poco lo valoraba.

Desde Recursos Humanos, lanzaron un programa que pensaba atraer a los mejores (?). Se trataba de buscar chicos y chicas, de entre 25 y 30 años, con buena base académica, el inglés casi bilingüe con, al menos otro idioma, estancias en el extranjero y a poder ser con alguna experiencia profesional previa. Manuel entró en la segunda promoción de las cinco que al final se quedaron. Corría el año 2004.

El plan consistía en que eligieran una especialidad dentro de la empresa según sus gustos y afinidades. Durante año y medio, cada tres meses iban cambiando de destino por España, en oficinas y centros de trabajo de la empresa dispares en tipología, para que adquirieran una buena visión de todos los negocios. Durante ese tiempo, les hacían depender del Consejero Delegado. Así, ningún directivo avispadillo querría quedárselo antes de tiempo. Recibían una formación especializada y muy definida. También existía un programa de seguimiento... Un cuerpo de elite, vamos, que ni las COE´s ni los GEO´s.

Este plan de Jóvenes Profesionales tuvo poca duración porque cambiaron al director de Recursos Humanos, y el nuevo discrepaba de esta forma de gestión. Los ochenta muchachos que habían pasado por el programa se dispersaron por la organización, intentando agarrar la primera vacante que les atrajera. Un tercio de ellos abandonó la empresa.

Cuando esto sucedió, Manuel ya llevaba un tiempo en la Dirección Financiera, con la gente de la Mesa de Dinero, convirtiéndose en un *baby broker* (así se autodenominó), y creciendo a la vera de un director que comenzó a confiar en él más que ciegamente. Aquel director era hijo de un consejero independiente de nuestra empresa, el cual departía habitualmente con el padre de Manuel en un club financiero de la plaza de Colón.

Al haber adquirido varias empresas, se configuró una Corporación donde la Dirección Financiera fue cobrando gran relevancia, hasta el punto de que ascendieron a todos directivos dos niveles, y estos directivos a su vez propusieron candidatos para cubrir las vacantes de su anterior nivel. Entre ellos, se encontraba Manuel, propuesto por su jefe, el hijo del contertulio de su padre. Manuel, *baby broker*, resultó ascendido y con 28 años, pasó a formar parte del equipo directivo del holding.

Al año siguiente, es decir, hace seis meses, falleció Gumersindo, y Manuel pasó a ser mi director general.

Durante los primeros días pudo aplicársele una expresión usada en las crónicas taurinas: "se le notó al diestro con ganas de agradar". El muchacho trabajó el acercamiento a nosotros como si de un compadreo se tratara. Le pidió a María que le tuteara, se derretía hasta parecer un hombre de dulce de leche para pasarnos las órdenes, y continuamente le cruzaba el rostro una sonrisa tan forzada que debió sufrir rotura de fibras en el masetero, risorio o buccinador, a la sazón músculos de la cara. Resultó tan empalagoso...

—Por favor, María, serías tan amable de traerme las actas de.... O mejor no, no las traigas, yo te ayudo, déjame que sea yo quien las ordene...

—María, necesitaría de tu capacidad de gestión que me consiguieras una llamada telefónica...

—Ambos sois maravillosos, es una suerte que me hayan tocado dos profesionales auténticos como vosotros en mi equipo

A mí me trató durante dos meses como si fuera su profesor de la asignatura que más le importara: con respeto y atención, mucha atención y mucha pregunta, y repregunta. En principio, los dos asistimos a todas las Juntas y Consejos que debían realizarse, lo que provocó cierto colapso en determinados temas, porque no nos quedaba tiempo para *mover* papeles... Gracias a María y a una gestión que conseguí con mi conocida de Recursos Humanos, nos proporcionaron una persona a través de una Empresa de Trabajo Temporal, que nos ayudó a salir del embrollo empapelador.

Me tomaba las cosas con mucha filosofía. Fui un empleado aplicado que no levantaba la voz para nada y que cumplía a rajatabla con sus deberes. Empecé a aburrirme en el trabajo.

Manuel aprendió rápido las cuestiones jurídicas y económicas, trabajaba mejor con los balances que con las interpretaciones de leyes y normas, pero le costaba hacerse un hueco en los Consejos, sobre todo en aquellos donde había menos peso de nuestra empresa. Se puso nervioso en cuanto le presionaron de la central para que no se dejara tomar terreno. No quise ofrecerme para ayudarle por una cuestión de desidia, de falta de compromiso... Lo observaba cómo se movía inquieto hasta que su cara adquiría un color grana y no sabía cómo dirigirse a alguien (esencialmente a mí), que le sacara del apuro. Pude tenerle algo de compasión, pude, pero no quise. Alguna vez tendré que pedirle perdón.

Enseguida notábamos cuándo había llamado nuestro gran jefe de la central, porque Manuel se ponía la americana, salía de su despacho y nos había comulgar con sus órdenes haciendo notar que las emitía a modo de debate cuando claramente eran de imposición:

—Alberto, creo que deberíamos aplicar a rajatabla los estatutos en el próximo Consejo de Rafensa, ¿qué te parece? Están siendo muy flexibles con la cláusula treinta y tres, entiendo yo. Porque tú, Alberto, ¿qué recomendarías en esta situación?... sí, sí, tenemos que ser inflexibles. Sí, gracias, Alberto, por tu aportación. Prepara un orden del día que no deje lugar a dudas, por favor. Sí, sí, inflexibilidad.

Y claro, nos dimos (se dio) un enorme batacazo en el Consejo de Rafensa, en el cual apenas abrí la boca. Manuel no se atrevía a pedirme ayuda. Se envalentonaba con una perorata bien trazada y bien expuesta, pero nada diplomática ni con reconocimientos a ciertas actuaciones que necesitaban un poco de "franeleo". Metió la pata en multitud de ocasiones, conmigo de observador mudo y frío.

Se deshacía en cálculos, no entendía cómo le podían salir mal las previsiones, se pasaba las horas en su despacho analizando documentos para poder siquiera entender algunas tendencias irracionales o ilógicas en los valores de las acciones. Seguía sin pedirme ayuda. Ah, algo que se me olvidaba. Su perfecto inglés se cruzaba en nuestras conversaciones como signo de ostentación idiomática y con deseo de transmitir cierta sensación de superioridad sobre mí. María siempre le contestó, porque le entendía bien. En mi caso, pude haberlo hecho en la mayoría de las ocasiones, pero mi actitud indolente me obligaba a repetir:

—Manuel, ¿qué significa?

Y Manuel se crecía dándome explicaciones añadidas a la traducción del palabra con una perorata conceptual, nuevamente repleta de anglicismos. Y yo repetía:

—Manuel, ¿qué significa?

...cuando había comprendido lo suficiente para seguirle y rebatirle en su conversación pretendidamente subida de nivel técnico.

Esperé hasta el último día para comunicarle mi decisión. En realidad, no sé cuánta información manejaba Manuel sobre el nuevo plan de la empresa. Tampoco, ni siquiera a María, comenté mi asunto de la herencia, que venía muy rápido.

—¿Tienes un momento?

—Pero Alberto, es que ahora...

Últimamente, Manuel no tenía momentos, siempre se encontraba enfrascado en enormes hojas de cálculo que determinaban proyecciones de comportamiento financiero a corto, medio y largo plazo. Oh.

—Es importante, muy importante. Y sólo te robaré cinco minutos.

Suspiró. Su tono de cara pasó del rojizo al rosa.

—¿Qué le vamos a hacer? Pasa, pasa, y siéntate.

Me iba a sentar en la silla de confidente.

—No, por favor, aquí —y me señaló la mesita de reunión—. Tú dirás.

—Mañana me voy de la empresa. Me acojo al plan extendido de la empresa con indemnización diferida a dos años. Quería despedirme de ti.

Del rosa pasó al blanco, muy blanco, blanquísimo... y quiso sonreír, pero parecía que la rotura de fibras faciales aún le ocasionaba dolores.

Epílogo

Han sido cuarenta años de estar sometido al deber de obediencia, según principios del Derecho del Trabajo. Y ahora que lo leo, escrito por mis dedos y teclado (ya no hay que decir "de mi puño y letra"), ¡qué mal me suena!... deber de obediencia... deber de obediencia... ¿Habré sido obediente... sobre todo después de escribir lo que antecede? ¿Sería un desobediente si lo hubiera escrito perteneciendo aún al grupo empresarial en el que militaban esos jefes retratados?

Fui también jefe durante unos cuantos años. No me siento motivado para relatar esa experiencia, quizá porque la asumí con naturalidad, o porque me sentí cómodo, o porque nunca ejercí como lo que puede denominarse jefe—jefe. Pero gran parte de esta experiencia me dota de cierta credibilidad añadida para haber escrito los nueve capítulos anteriores. Por supuesto que a nadie le exigí deber de obediencia, al contrario, prefería conmigo gente rebelde (con sentido común) que gente sumisa.

Desde la perspectiva que me da esta situación tan desahogada, he podido plasmar con mucho ajuste a la realidad unos hechos que definen por sí solos a las personas que los protagonizan. No son teorías ni modelos, son personas aplicando su autoridad, poder o liderazgo, no importa cómo lo llamemos. Y cada una de ellas fija su impronta personal en esa actividad tan *sui géneris* que es mandar, dirigir, organizar o liderar a otros en el camino a la consecución de un fin.

Don José Jesús me marcó un estilo, una tendencia que moría con él, no por su originalidad, sino por el cambio tan rápido que agitaba a la sociedad... pero fue mi primer modelo de jefe y he advertido en multitud de ocasiones que el buen hombre aún pululaba por mis recodos ocultos, ya sólo fuera para compararlo con el que me tocaba vivir en ese momento. Don José fue mi padre laboral y esas lealtades no se olvidan ni mucho menos, como demostrara Sigmund Freud. Creo que no tengo complejo, ¿o sí?

Es tan sorprendente observar cómo la intervención de un jefe puede influir en cualquiera de sus empleados... En algún lugar he leído la expresión "jefe tóxico", que es un calificativo muy representativo de cierta actitud tanto hacia su equipo como hacia la organización. Pero quiero decir que si hay jefes tóxicos, también los hay higiénicos, incluso saludables. Y si aquéllos contaminan, éstos se aplican en dotar al término de salud la definición de bienestar integral, donde se incluye el crecimiento profesional y la realización personal. Y si no, relea mi historia con Rodrigo, para mí el mejor jefe que he tenido.

Digo el mejor, sí, pero no quiero que se entienda que, en general, hay jefes buenos y malos en sí mismos, o que se podría hacer una lista con calificaciones desde el mejor hasta el peor. Quizá se puedan hacer grupos, con zonas difusas entre ellos, donde unos se asentarían en nubes elevadas porque ejercen su labor con responsabilidad y conocimiento, y otros son bolsas de gas a cien kilómetros de profundidad, más por su carácter aludido de toxicidad que por su valor energético... aunque hay también gases sin energía posible.

Me he sentido tocado por casi todos ellos, en un sentido o en otro, a veces con ternura, otras con violencia, pero estoy agradecido porque ninguno me ha sido indiferente, ni siquiera el último inexperto. No podemos caer en la simpleza de las telenovelas para etiquetar al malo como malísimo y solo malísimo y al bueno como buenísimo y solo buenísimo (aunque haberlos, haylos). Además, cada empresa, cada situación, cada momento vital, tanto del jefe como de la empresa o del empleado, influirán en las opiniones para asignar calificaciones en esa relación.

Tampoco me valen los manuales que identifican las cualidades necesarias para ser el gran líder que hará felices a sus seguidores y multimillonarios a sus accionistas. Todos, absolutamente todos los aquí nombrados son personas que denominamos "corrientes y molientes", y todas ellas se han visto abocadas a meterse en ese rol al que algunos adjudican necesidades carismáticas y hasta milagrosas.

El ejercicio de mandar (incluye dirigir, conducir, liderar, organizar...) no está hecho para la universalidad de seres, pero tampoco está constreñido a un grupo de elegidos. Y se necesitan "mandones" de muchas clases y para muchas cuestiones diferentes. El acierto, o bondad, o adecuación, de la elección vendrá determinado por, y sólo por, dos variables: los resultados obtenidos y los restos (las consecuencias, lo que deja cuando se va) de su labor, cuyo producto determinará el valor del equipo y, por deducción, del jefe.

Los resultados obtenidos. Es primordial saber los resultados que un equipo obtiene para poder calificarlo, y de ahí, también al jefe. Nunca podremos dar una buena nota a quien obtiene resultados pobres, objetivos incumplidos, ganancias pocas o nulas, porque la razón de ser de una empresa es tan obvia que no debe olvidarse.

Los restos de la labor del jefe. Sirve esta variable para incluir en ella lo más importante (sí, más que los resultados) que se deriva de la actividad de mando. A un jefe es mejor valorarlo cuando se ha ido del área o departamento que le ha tocado liderar, de ahí llamar "restos" a este apartado. En la gestión de personas, es fundamental mirar al futuro, que generalmente siempre trasciende el mero cumplimiento del objetivo empresarial. Toda labor de jefe es labor de desarrollo para cada uno de los componentes de su equipo, así sea sólo como modelo de actuación o de comportamiento. Si esa labor ha dejado huella positiva, la valoración será positiva.

Y como soy hombre de números, propongo está formula:

$VJ = RO \times (RE)^2$

Valor del jefe = Resultados Obtenidos X (Restos de su labor)^2

Es decir, un cero en cualquiera de los factores dará cero en el VJ.

Que sea pura anécdota... no creo que debamos mezclar muchos números con el trato personal, que al fin y al cabo es el mayor porcentaje de actividad en la labor de liderazgo. Tratar con personas remite a límites difusos, borrosos, traslúcidos, cuya interpretación nunca podrá adjudicársela a un valor absoluto.

Soy como soy debido a los jefes que he tenido (aunque no sólo debido a ellos, por supuesto). Me habrán influido más o menos, pero estoy seguro de que si hubiera pertenecido a equipos de otros jefes, ahora no sería igual. No es el único factor que pueda definir mi perfil, por supuesto, pero le adjudico una gran responsabilidad en mi evolución como profesional y como persona.

De ahí, la importancia del proceso de selección y nombramiento de los jefes.

Son nueve en mi vida laboral y quien más ha influido positiva y palpablemente en mi vida es el único que fue sometido a determinados procesos de selección que intentaban calibrar la valía de la persona para la función adjudicada. Sólo uno de nueve: Rodrigo Cenis.

Rodrigo es un hombre hecho a sí mismo que, salvo la legítima aplicación de sus dotes de *networking*, fue nombrado en sus diversos puestos directivos por criterios que no tenían que ver con influencias ajenas a conocimientos, experiencia y resultados conseguidos. ¿Casualidad? No, no, creo que no. Ahora bien, si hubiera tenido padrino, sus cargos habrían sido mucho más altos.

No se puede elegir a los jefes porque sí. Ni porque saben mucho, caso de Gumersindo, q.e.p.d., ni porque tienen muchos títulos rimbombantes, caso de Manuel. Y estos dos casos no tuvieron mucha influencia externa, entiéndase "enchufes" en la jerga de la máquina de café.

Quien sabe mucho se suele ofuscar por esa profundidad de conocimientos y se ancla en tareas que no le debieran corresponder. Puede ocurrir el caso, bastante habitual, de que esos grandes conocimientos se conviertan en orejeras que no permitan ver más allá de la zanahoria o del pienso en el capazo. Léase Gumersindo. Y que además, conjugado con falta de otras capacidades imprescindibles, arrastren a enfermedades que desemboquen en ríos negros.

Los títulos no son malos en sí, al contrario. Pero nadie debe considerar que su obtención es garantía inmediata de éxito. Existen cerebritos que llenan sus paredes de grandes titulaciones, pero son incapaces de aplicar sus conocimientos con un mínimo de eficacia. Y un recién titulado no debe ejercer por su titulación funciones de responsabilidad directiva hasta haber demostrado, primero, que es capaz de desarrollar en lenguaje de empresa los conceptos adquiridos, y segundo, que es capaz de liderar un equipo de trabajo y gestionar otros recursos. Sin experiencia, un título es energía potencial, no tiene nada de cinética, y siendo potencial no provoca movimiento, es decir, ni acción ni resultados.

Adolfo Riva es el jefe modelo para encarnar la asignación de un cargo sólo por "servicios prestados", y que se podría añadir a los motivos "ser familiar de", "ser amigo de", "ser del mismo partido que". Adolfo Riva provenía de un sindicalismo politizado y propenso a prácticas que se mueven en lo deshonesto y hasta a veces invaden lo corrupto. Son casos extremos. Pero también se producen otros nombramientos que, si bien no pecan de nepotismo, los motivos de la elección tampoco responden a una capacidad demostrada y contrastada que, como quiero exponer más adelante, son variables necesarias para tener buenos jefes. Me refiero a que la decisión de elevar a alguien a categoría de *mando* se base, por ejemplo, en la antigüedad, o en la afinidad con el *nombrador*, o en la visión recortada de "lo que siempre he tenido cerca"...

Entiendo que para ser un buen jefe hay que reunir una serie de cualidades base que no sé definir muy bien, y que tampoco me fío de las que la literatura específica expone. He tenido en mis manos varios modelos de liderazgo que siempre me han parecido muy teóricos, filosóficos e, incluso, filantrópicos en algún caso. No sé cuál es la verdad. Hasta creo que no debe fijarse ningún modelo específico, que además cada momento o circunstancia puede requerir soluciones diferentes y, por tanto, estilos diferentes y, quizá, jefes diferentes. Me voy a fiar de lo que he conocido y sobre lo que he escrito, y con ello voy a intentar establecer cualidades y defectos que de cada jefe me han llamado la atención, siempre entendiendo mi subjetividad y las circunstancias en que se producen. Aun así, me arriesgo al ejercicio y quiero suponer que surgirán características universales, básicas, horizontales o transversales...que debe tener o no tener quien aspire u ocupe un puesto como jefe de algo. De cada uno de los míos, extractaré los que voy a llamar Rasgos Lúcidos y los Rasgos Turbios, es decir, aquéllos con los que me he sentido pleno de aprendizaje, y aquéllos con los que me sumido en algún grado de oscuridad.

- **Primer jefe: Don José Jesús, el paternalista mandón**

¡Qué tiempo y qué estilos! ...aunque algo de Luz recibí de aquel hombre paternalista: su compromiso con la empresa (a modo de servilismo) y que sabía dar las órdenes claras y bien dirigidas, quizá como consecuencia de esa sociedad militarizada que le había tocado vivir. También era espabilado para detectar valías y aprovechar cualidades.

Y los Rasgos Turbios... ¡Hombre, a quién se le ocurre leer el periódico en la oficina haciendo ostentación de ello! Mal ejemplo, mal ejemplo, que luego mis compañeros lo tenían abierto en los cajones y le echaban largas ojeadas. Este hombre nos vigilaba con tanta dedicación que cuando no estaba en la oficina no trabajaba nadie. Y además, le gustaba propiciar la competición entre los subordinados, en lugar de impulsar el trabajo en equipo, y controlar, controlar, controlar... Mi padre también diría: "y cómo mandaba el José Jesús, eh, disfrutando como un sargento".

- **Segundo jefe: Alberto, el motivador**

Aportaba mucha Luz para su gente, por eso destacaré varios Rasgos Lúcidos en su forma de gestionar. Sabía aplicar cadencia en el desarrollo de las personas de su equipo, a las que además aplicaba cercanía y buen trato, que combinaba con un buen conocimiento de la persona. Impulsaba la generación de ideas y animaba a crear y aplicar nuevas cosas. Por sí mismo, era un gran negociador, buen estratega, humilde, involucrado en su propia formación...

El orden y la organización no eran sus poderes, aunque Alberto se encargara de pregonarlo a los cuatro vientos, acción que todavía evidenciaba más el defecto. Le embargaba el pesimismo sobre su futuro profesional (*lloraba, lloraba, lloraba*) y lo transmitía al equipo. En ese lamento, cometía excesos en pedir hacer las cosas como un trueque personal: yo te doy buen trato, ideas, campo de actuación... y tú me das lealtad, resultados, buena imagen...

- **Tercer jefe: Pepe, el benemérito**

Uy, Pepe, Pepe, ¿dónde está tu Luz? Quizá aún alucine con su hipnotización... Sus Rasgos Lúcidos... Energía como el Sol, su sistema de gestión claro y definido, su capacidad de trabajo (que también incluiré en la oscuridad), inteligencia táctica, memoria profunda, llaneza y cercanía... Tenía la empresa en la cabeza, sabía cuál era el punto débil profesional de cada uno y no dudaba en hurgar dentro de la herida si con ello sacaba provecho (llamémosle motivación desde lo negativo a lo positivo). La velocidad de la Luz para tomar sus decisiones y una disposición total para la gente de su equipo cierran los aspectos Lúcidos de su gestión que le llevaron a tan excelentes resultados a corto plazo.

Pero cuánta locura en su adicción al trabajo, en las largas reuniones donde sólo él quedaba fresco para en el último momento sellar una orden que disfrazaba de pregunta, de orientación, de propuesta... Confabulaba de un modo torpe, todo el mundo le veía venir, pero Pepe se creía que iba ganando siempre... Destrozaba a sus colaboradores en la creencia que los niveles de energía se regalaban por doquier igual que el Sol alumbraba todas las mañanas, los exprimía con tal fruición que después de sacar el jugo ni las cáscaras eran aprovechables... Y, aunque parezca lo contrario, le dominaba un enorme complejo de inferioridad porque nunca terminó de creerse adónde había llegado y con quiénes se había equiparado...

- **Cuarto jefe: Michel, el inseguro**

Irradiaba algo de inteligencia, o bastante, según se mire, con dotes comunicativas... y ahí se apaga todo.

Mientras tanto, la oscuridad hacía acto de presencia con sus largas dosis de autocontemplación susurrándose que era el más listo y el más guapo de la clase, los robos de buenos trabajos hechos por otros convirtiéndose en un traidor profesional, un fingimiento de "buen rollito" para encubrir su deseo de lucirse pisando sin mirar abajo... todo sazonado de esa inseguridad personal que transmiten los pagados de sí mismos, buscando la aprobación de los demás allí donde papá no le aprobó.

- **Quinto jefe: Emilio, el práctico**

Hombre sereno, humilde, silencioso, culto... Hábil en sus relaciones internas y externas para encauzar siempre el beneficio de la empresa, por medio del cual buscaba el propio, es decir, primero gana la empresa, en consecuencia ganaré yo. Daba una atención personalizada y detallista a todas las personas y su capacidad de síntesis era proverbial, sobre todo, para establecer los límites del trabajo y no perder el tiempo en lo innecesario. Descubría con facilidad las componendas políticas y se convertía entre bambalinas en un buen estratega.

Fogonazos de oscuridad... Que encumbraba la ley del mínimo esfuerzo y encorsetaba la innovación para liberarla sólo en los momentos que consideraba apropiados: cada uno se dedica a lo que le toca hacer y debe hacerlo con la mayor eficiencia, especialmente en el uso del tiempo.

- **Sexto jefe: Adolfo Riva, el trepa**

En Adolfo, era envidiablemente luminosa su seguridad en sí mismo, sin importarle lo más mínimo su ignorancia. Avanzaba sin mirar atrás y siempre tomaba la posición.

¿El más oscuro de los directivos descritos? ¡Sin duda! Más que oscuro, diría que negro como la profundidad del cosmos, y lo más doloroso es que navegaba sobre la impunidad, como si su comportamiento fuera una definición caracteriológica de los denominados seres normales. Espía, vendepatrias, delator, prepotente, servil, rastrero... No le importaba nada que no fuera su estatus, incluyendo la posición y el dinero, haciendo alarde de ello hasta convertir su discurso en obsceno, sacrílego, inmundo...

- **Séptimo jefe: Rodrigo Cenis, el entusiasta**

Dicen que los ángeles son seres puros de Luz. Siendo consecuente con los calificativos que he elegido para comentar los aspectos de cada jefe, debería decir que Rodrigo fue un ángel. No podía volar, seguro, y se reirá a mandíbula batiente en cuanto lea estas líneas, pero sí, cierto aroma divino desprendía, por su calidad como persona para la empresa, para mí y para él mismo. Sin oscuridad, su quehacer se llena en mi recuerdo de varias clases de iluminación, desde la de un fósforo que te libra del cero absoluto, hasta la de un foco que te hace destacar en un escenario después de una intervención gloriosa. Quiero ser leal con quien lo fue conmigo, y así digo de Rodrigo que se convirtió en mi mejor jefe porque era buena persona y porque sabía enseñar, tenía interés por la formación y por su aplicación en el trabajo, se ejercitaba en la empatía y actuaba en consecuencia, aunque tuviera que ceder en su autoridad y compartir sus prebendas jerárquicas, motivaba con buenas artes y creaba el mejor ambiente para que se consiguiera el mejor resultado, cuidaba las formas, el estatus de quien le rodeaba y elevaba el de sus colaboradores para hacerles sentir la importancia de sí mismos. Rodrigo es el ejemplo más evidente de ese slogan que tantas veces se cuelga por ahí sin ningún sostén: "Creemos en las personas". Y ganando dinero, oiga, mucho dinero... para la empresa, digo.

- **Octavo jefe: Gumersindo Altamiranda, el experto**

A Gumersindo, poca Luz le puedo adjudicar... si acaso, el poder del conocimiento y la minuciosidad para no dejar cabo suelto.

En cambio, se llenaba de rasgos de oscuridad, como la prepotencia, aunque más bien desde la timidez y la lejanía. Mandaba desde las prebendas del estatus, muy distanciado del equipo, con un comportamiento casi aristocrático. Exageraba el peso de los conocimientos técnicos para resolver los problemas y, como era expertísimo, su gestión se hacía personalista, casi individual, controlando todo en su puño. También esa soberbia le provocaba excesiva autosuficiencia, pensaba que podía resolverlo todo, y fue tal frustración al fallarse que le llevó al infarto.

- **Noveno jefe: Manuel, el inexperto**

Manuel me transmitió su alegría. Era dicharachero y muy buen comunicador, vendedor de ilusiones, que unido a su buena formación de base, a sus vivencias desde jovencito en la diversidad y a su inteligencia innata le daban amplios cimientos (aún frescos) para ser un excelente directivo en el medio/largo plazo.

Pero sus deseos de alcanzar el éxito ya mismo, desde la inmediatez, con esa idéntica soberbia que Gumersindo emitía, le hacía exagerar su capacidad para el buen trato hasta parecer ficticio. Manuel aparentaba que se dejaba asesorar para luego dejarte hablar con visos de interés y hacer lo que ya tenía pensado de antemano; si además estabas de acuerdo, se anotaba la medalla de generador de ideas, tal como le habían enseñado en la Escuela de Negocios. No reconocía que no sabía; por dentro, deseaba ser infalible y se sentía obligado a transmitirlo... Pero aprenderá.

...que usted lo haya pasado, y lo pase, bien.

Otras obras de José Antonio Prades en Amazon

RELATOS

Filosofía parda en Recursos Humanos
la gestion de personas desde el terreno

Las personas son la empresa
artículos con enjundia y retranca

Epistolario de un oficinista
no me creo nada de lo que me cuenta

Mujeres que llenan mis noches
siete cuentos de amor en los 70

NOVELAS

Oficina de risa
¿qué hace un ordenador en esa mesa?

Embrujo de mujer
un hombre hechizado por las mujeres

Pronto serás mía
erotismo en el Instituto

Silvana y los pederastas
un thriller romántico

www.ingramcontent.com/pod-product-compliance
Lightning Source LLC
Chambersburg PA
CBHW022004170526
45157CB00003B/1130